WILHELM MÖSSLE

**Inhalt, Zweck und Ausmaß**

Schriften zur Verfassungsgeschichte

Band 41

# Inhalt, Zweck und Ausmaß

Zur Verfassungsgeschichte
der Verordnungsermächtigung

Von

Prof. Dr. Dr. Wilhelm Mößle

Duncker & Humblot · Berlin

CIP-Titelaufnahme der Deutschen Bibliothek

**Mößle, Wilhelm:**
Inhalt, Zweck und Ausmaß: zur Verfassungsgeschichte der Verordnungsermächtigung / von Wilhelm Mößle. – Berlin: Duncker u. Humblot, 1990
 (Schriften zur Verfassungsgeschichte; Bd. 41)
 ISBN 3-428-06766-5
NE: GT

Alle Rechte vorbehalten
© 1990 Duncker & Humblot GmbH, Berlin 41
Druck: Berliner Buchdruckerei Union GmbH, Berlin 61
Printed in Germany
ISSN 0582-0553
ISBN 3-428-06766-5

## Vorwort

Die vorliegende Studie ist aus einem Vortrag entstanden, den ich am 13. Januar 1987 an der Juristischen Fakultät der Universität Göttingen gehalten habe. Zu Dank verpflichtet bin ich dem sprachlichen Urheber der „Inhalt, Zweck und Ausmaß"-Formel, Herrn MinDrg. a.D. Prof. Dr. W. Henle, für ein aufschlußreiches Gespräch.

Herrn Norbert Simon danke ich für die Aufnahme der Studie in die Reihe „Schriften zur Verfassungsgeschichte."

Bei meiner Sekretärin Frau Gerlinde Kambach bedanke ich mich für die Betreuung des Manuskripts.

Bayreuth, 20. April 1989

*Wilhelm Mößle*

## Inhaltsverzeichnis

1. Einleitung .................................................... 9

2. Das Verordnungsrecht im 19. Jahrhundert ..................... 11

   a) Gesetz und Verordnung im konstitutionellen Staat ......... 11

   b) Die Verordnungsermächtigung als Kompromiß zwischen Parlamentsvorbehalt und exekutivem Verordnungsrecht .................. 13

   c) Blankett und Generalklausel .............................. 14

3. Theorie und Praxis der Ermächtigung unter der Weimarer Reichsverfassung ......................................................... 19

   a) Die Weimarer Ermächtigungsgesetze ........................ 19

   b) Die Diskussion der Staatsrechtslehre in der Weimarer Zeit ....... 22

4. Das Verordnungsrecht des nationalsozialistischen Staates ........... 28

5. Art. 80 Abs. 1 S. 2 GG und seine Interpretation ................. 31

   a) Die Diskussion des Art. 80 Abs. 1 GG in der unmittelbaren Nachkriegszeit ....................................................... 31

   b) Die Interpretation von Inhalt, Zweck und Ausmaß durch das BVerfG .. 33

   c) Art. 80 Abs. 1 und Art. 129 Abs. 3 GG .................... 36

6. Die Einflußnahme der amerikanischen Militärregierung auf das deutsche Verordnungsrecht und die Entstehung der „Inhalt-, Zweck- und Ausmaß"-Formel ......................................................... 39

   a) Das Verordnungsrecht in den Landesverfassungen ........... 39

   b) Die Direktive der amerikanischen Militärregierung zum Gesetz Nr. 122 über den Erlaß von Rechtsverordnungen auf Grund vormaligen Reichsrechts ........................................................ 42

c) Die Rechtsprechung des Supreme Court zur Delegation der Verordnungsgewalt .................................... 44

   d) Die Entwicklung der „Inhalt-, Zweck- und Ausmaß"-Formel in der Bayerischen Staatskanzlei ............................ 48

   e) Die Beurteilung der Ermächtigungsformel im Bayerischen Landtag ... 53

7. Schlußfolgerungen zur historischen Interpretation des Art. 80 Abs. 1 S. 2 GG ............................................ 57

Literaturverzeichnis ...................................... 63

## 1. Einleitung

Art. 80 Abs. 1 GG – die nach Inhalt, Zweck und Ausmaß vom Gesetzgeber bestimmte Ermächtigung zum Erlaß von Rechtsverordnungen – ist ein Novum in der deutschen Verfassungsgeschichte. Zum erstenmal wurde der noch in der Weimarer Zeit für unmöglich gehaltene[1] Versuch unternommen, den Grenzverlauf zwischen Gesetz und Verordnung ausdrücklich zu formulieren und in der Verfassung zu regeln.[2] Damit schien ein Problem aus der Welt geschafft, dessen Lösung die Staatsrechtslehre und Verfassungspolitik immer wieder beschäftigt hatte. Das Dilemma des Verordnungsrechts ist einerseits das obrigkeitsstaatliche Odium, das ihm nicht erst seit der nationalsozialistischen Ära anhängt – der „Fluch, der ihm aus anderer Zeit folgt"[3] – andererseits das Bewußtsein um seine Unverzichtbarkeit, sowohl zur Bewältigung der Krisensituationen der Weimarer Republik wie für das Management des modernen Wohlfahrtsstaates.[4] Art. 80 Abs. 1 GG, die Bindung der Delegation an die Bedingung, daß sie nach Inhalt, Zweck und Ausmaß vom Gesetzgeber selbst spezifiziert wird, stellt sich somit verfassungspolitisch als ein gangbarer Kompromiß zwischen dem historisch begründeten Mißtrauen gegen die Exekutive – nach dem BVerfG „eine Macht", die es „zu zügeln gilt"[5] – und den Notwendigkeiten der Staatspraxis dar.

Die praktische Relevanz des Verordnungsrechts in der unmittelbaren Nachkriegszeit führte sowohl nach dem 1. wie nach dem 2. Weltkrieg zu einer lebhaften Auseinandersetzung mit dem Verordnungsrecht der Exekutive, die im Hinblick auf das verfassungsrechtliche Novum des Art. 80 Abs. 1 S. 2 GG bis heute andauert.

---

[1] Vgl. *Triepel*, H., „Empfiehlt es sich, in die Reichsverfassung neue Vorschriften über die Grenzen zwischen Gesetz und Verordnungsrecht aufzunehmen?" in: Verhandlungen des 32. Deutschen Juristentages (Bamberg), 1922, S. 24, 25 – im folgenden als „Bericht" zitiert.

[2] *Stern*, K., Das Staatsrecht der Bundesrepublik Deutschland, Bd. 1, 1977, S. 642.

[3] *Wittmayer*, L., Die Weimarer Reichsverfassung, 1922, S. 453.

[4] *Hesse*, K., Grundzüge des Verfassungsrechts der Bundesrepublik Deutschland, 16. Aufl., 1988, S. 202 Rdz. 526.

[5] BVerfGE 33, 125 (157).

Der skeptische Bericht der Enquête-Kommission Verfassungsreform legt den Schluß nahe, daß die Konzeption des Art. 80 GG nicht in der Lage ist, den Konflikt zwischen eigenverantworteter Gesetzgebung des Parlaments und zulässiger Delegation an die Exekutive zufriedenstellend zu lösen: „In Abkehr von der Praxis der Weimarer Zeit," heißt es in dem Bericht, „schreibt Art. 80 Abs. 1 S. 2 GG dem Parlament vor, Ermächtigungen der Exekutive zur Rechtsetzung nach Inhalt, Zweck und Ausmaß zu umgrenzen. Sichere Maßstäbe haben sich jedoch aus diesen Kriterien nicht entwickeln lassen. Das Bundesverfassungsgericht sah sich veranlaßt, etwa die Hälfte der von ihm überprüften Delegationsnormen für verfassungswidrig zu erklären."[6] Das hohe Verwerfungsrisiko, das der Delegation anhafte, behindere den Gesetzgeber und stelle den erwarteten Entlastungseffekt insgesamt in Frage.[7] Die Kommission sprach daher die Empfehlung aus, Art. 80 Abs. 1 GG begrifflich zu entlasten und das Bestimmtheitsgebot auf die Festlegung des Zwecks als verfassungsrechtlich ausreichendes Kriterium zu beschränken.[8]

Der Verfassungsgesetzgeber hat sich diese Anregung bisher nicht zu eigen gemacht – mit der Konsequenz, daß die vom Bundestag erteilten Ermächtigungen weiterhin dem Risiko ausgesetzt sind, an den verfassungsgerichtlichen Vorstellungen hinreichender Bestimmtheit zu scheitern. Bei den vom BVerfG aufgestellten Maßstäben fällt auf, daß zwar jeweils die Weimarer Vergangenheit beschworen, aber nie auf die der Klausel vom Verfassungsgesetzgeber zugemessene historische Bedeutung Bezug genommen wird. Dieser auffällige Verzicht auf eine historische Interpretation legt es nahe, der Entstehungsgeschichte der Formel und ihrer Vorgeschichte nachzugehen. Sie beginnt nicht erst bei dem sich seiner gesetzgeberischen und politischen Verantwortung entziehenden Reichstag der Weimarer Republik, sondern im 19. Jahrhundert.

---

[6] Schlußbericht der Enquête-Kommission Verfassungsreform des Deutschen Bundestages, Zur Sache 3/76, S. 190; vgl. auch *Klein,* H. H., Zur Revision des Grundgesetzes: Erwägungen der Enquête-Kommission Verfassungsreform des Deutschen Bundestages zu einer Neufassung des Art. 80 GG, DÖV 1975, S. 523 ff.; a. A. offenbar *Ipsen,* J., Staatsorganisationsrecht, 1986, S. 234; vgl. zu der gesamten Frage auch „Entlastung des Parlaments durch Reform des Art. 80 GG?" (Diskussion) ZParl. 1973, S. 435 ff

[7] Vgl. dazu auch *Hasskarl,* H., Die Rechtsprechung des Bundesverfassungsgerichts zu Art. 80 Abs. 1 S. 2 GG, AöR 94 (1969), S. 110, *Bryde,* B.-O., in v. Münch, Grundgesetz-Kommentar, 1983/85, Art. 80 Rdz. 34.

[8] Vgl. dazu auch *Badura,* P., Staatsrecht, 1986, F Rdz. 17; Stern, K. Staatsrecht, Bd. 1, S. 644.

## 2. Das Verordnungsrecht im 19. Jahrhundert

### a) Gesetz und Verordnung im konstitutionellen Staat

Die vom Gesetzgeber erteilte Ermächtigung zum Erlaß von Rechtsverordnungen ist ursprünglich ein Kompromiß des 19. Jahrhunderts. Er wurde in erster Linie dazu erfunden, das Polizeistrafrecht auf eine rechtsstaatliche und damit gesetzliche Grundlage zu stellen.

Die süddeutschen Verfassungen[9] zu Beginn des 19. Jahrhunderts gestanden den Landtagen – nicht zuletzt um sie für die Sanierung der desolaten Staatsfinanzen zu gewinnen – neben dem Recht der Steuerbewilligung eine Beteiligung an der Gesetzgebung zu.[10] Den gegenständlichen Umfang dieser Mitbestimmung umschrieb die sog. konstitutionelle Klausel. Sie teilte den bis dahin einheitlichen Bereich der Gesetzgebung in zwei unterschiedliche Teilbereiche auf: Rechtsnormen, die in Freiheit und Eigentum der Untertanen eingriffen, bedurften nunmehr der Zustimmung der Volksvertretung; der übrige Bereich blieb – wie bisher – verfassungsrechtlich der Autonomie der Krone vorbehalten. Die Unterscheidung zwischen Normen, an deren Entstehung König und Kammern beteiligt waren und Normen, die ausschließlich und allein vom König erlassen wurden, fand ihren sprachlichen Ausdruck in den Begriffen Gesetz und Verordnung: Rechtsnormen mit Zustimmung der Volksvertretung wurden als Gesetz, die vom Monarchen allein erlassenen Normen als Verordnung bezeichnet.[11]

Sachlich gehörten zum Bereich der Verordnung nicht nur die durch die Freiheits- und Eigentumsformel negativ definierten, der Mitbestimmung der Stände also entzogenen sog. „selbständigen Verordnungen", sondern auch die dem Wohl und der Sicherheit des Staates dienenden Notverord-

---

[9] Verfassungsurkunde für das Königreich Bayern vom 26. 5. 1818; Verfassungsurkunde für das Großherzogtum Baden vom 22. 8. 1818 und Verfassungsurkunde für das Königreich Württemberg vom 25. 9. 1819.
[10] Abschn. VII, § 2 der Verfassung für das Königreich Bayern, Abschn. IV, § 65 der Verfassung des Großherzogtums Baden, Abschn. VII, § 88 der Verfassung des Königreichs Württemberg.
[11] *Hofmann*, H., Das Postulat der Allgemeinheit des Gesetzes, in: Abhandlungen der Akademie der Wissenschaften in Göttingen, 1987, S. 31; *Mößle*, W., Regierungsfunktionen des Parlaments, 1986, S. 46.

nungen[12] sowie, als eigenständige Kategorie, die „zur Handhabung und Vollziehung" der Gesetze notwendigen Vollzugsverordnungen. Auch wo es in der Verfassung nicht ausdrücklich vorbehalten war, wurde dieses Verordnungsrecht der Krone zur Vollziehung der Gesetze für selbstverständlich gehalten.[13] Es diente dazu, die für die Durchführung der Gesetze notwendigen Behörden zu bestimmen und den Geschäftsgang zu regeln; es deckte darüber hinaus aber auch Verordnungen, welche die gesetzlichen Bestimmungen lediglich entfalteten oder detaillierten.[14] Dementsprechend wurden sie, ebenso wie die Bestimmungen über die Zuständigkeit und das Verfahren, mit dem Außerkrafttreten des jeweiligen Gesetzes obsolet.

Der durch die Freiheits- und Eigentumsformel und die Begriffe „Gesetz" und „selbständiges Verordnungsrecht" scheinbar eindeutig abgegrenzte Bereich der Normsetzung verschob sich im Laufe des 19. Jahrhunderts ganz erheblich. Die sukzessive Parlamentarisierung des der Krone vorbehaltenen Bereichs stellte das selbständige, unmittelbar kraft Verfassung und unabhängig von einer gesetzlichen Autorisierung bestehende Verordnungsrecht so nachhaltig in Frage, daß sich Gerhardt Anschütz am Ende des Jahrhunderts zu der polemisch gemeinten Schlußfolgerung veranlaßt sah: „Die selbständige Verordnungsgewalt praeter legem scheint also zumindest ein Kronrecht, welches praktisch kaum oder nie gehandhabt wird, welches in Gefahr schwebt, durch Nichtgebrauch zu erlöschen."[15] Anschütz hatte damit zwar nicht die verfassungsrechtliche, wohl aber die verfassungspolitische Situation zutreffend beschrieben. Die konstitutionelle Klausel war nicht nur eine staatsrechtliche Formel, sondern spiegelte gleichzeitig die Machtverhältnisse des konstitutionellen Staates wieder. Ihr Inhalt und Umfang wurden entscheidend durch das politische Interesse der Ständekammern und ihr Durchsetzungsvermögen gegenüber der monarchischen Regierung bestimmt; die Krone akzeptierte schließlich

---

[12] Da sie regelmäßig in Freiheit und Eigentum der Untertanen eingriffen, hätten sie an sich einer einverständlichen Entscheidung von König und Ständeversammlung bedurft; lediglich ihre Eilbedürftigkeit rechtfertigte den Erlaß durch die Krone allein, mithin durch nur einen der beiden „Gesetzgebungsfaktoren". Die erlassenen Notverordnungen waren jedoch der Volksvertretung „zur Wahrnehmung ihrer verfassungsmäßigen Rechte" bei ihrem nächsten Zusammentritt vorzulegen und aufzuheben, wenn ihnen die nachträgliche Zustimmung des Landtags versagt wurde.

[13] *Zachariä*, H. A., Deutsches Staats- und Bundesrecht, Bd. 2, 1842, S. 169 f.

[14] *Zachariä*, H. A., Deutsches Staats- und Bundesrecht, Bd. 2, S. 169 f.; *v. Pözl*, J., Lehrbuch des Bayerischen Verfassungsrechts, 5. Aufl., 1877, S. 407; vgl. dazu auch P. *Laband*, Deutsches Reichsstaatsrecht, 5. Aufl., 1909, S. 136 f.

[15] *Anschütz*, G., Die gegenwärtigen Theorien über den Begriff der gesetzgebenden Gewalt und den Umfang des königlichen Verordnungsrechts, 2. Aufl., 1900, S. 47.

auch das Argument, ein Regelungsgegenstand stehe deshalb unter dem Vorbehalt des Gesetzes, weil er so wichtig sei, daß er nicht ohne die Zustimmung der Kammern geregelt werden könne.[16]

### b) Die Verordnungsermächtigung als Kompromiß zwischen Parlamentsvorbehalt und exekutivem Verordnungsrecht

Das Interesse der Kammern konzentrierte sich von Anfang an darauf, die überkommene feudale Rechtsordnung zu beseitigen und Staat und Gesellschaft mit Hilfe der Gesetzgebung auf eine neue, bürgerliche Rechtsgrundlage zu stellen.[17] Von dieser Absicht her ist es naheliegend, daß ein neues Polizeirecht als Inbegriff des Verwaltungsrechts des konstitutionellen Staates zu ihren zentralen Forderungen gehörte. Der von den Kammern geltend gemachte Anspruch, daß das Polizeistrafrecht ein Gegenstand der Gesetzgebung und damit notwendig ihrer Mitwirkung unterworfen sei, stieß allerdings auf eine doppelte Schwierigkeit: er kollidierte einerseits mit der von der monarchischen Regierung behaupteten Befugnis zur Regelung des Polizeistrafrechts im Verordnungswege und mußte zudem mit der Einsicht auf einen Nenner gebracht werden, daß es unmöglich war, sämtliche denkbaren polizeirechtlichen Tatbestände im voraus gesetzlich zu regeln: „Auf keinem Gebiete der Gesetzgebung ist es in gleicher Weise unmöglich, Alles, was geschehen soll, in genau formulierte, für lange Dauer brauchbare Gesetzesartikel zu fassen, wie auf jenem der Polizeigesetzgebung," schrieb der Urheber des bayerischen Polizeistrafgesetzbuches, der Würzburger Professor und bayerische Landtagsabgeordnete C. Edel. Es sei zwar nicht richtig, daß sich das „Material der Polizei", also das Polizeirecht, seiner Natur nach einer gesetzlichen Regelung schlechthin entziehe, aber es sei hier doch mehr als anderswo erforderlich, „daß die Willensmeinung des Gesetzes nur in großen Umrissen ausgedrückt und es dem Leben überlassen wird, das mit dem gesetzlichen Zeichen versehene Material in Scheidemünze nach dem täglichen Bedarfe auszuprägen."[18] Man einigte sich, nicht zuletzt auch dem preußi-

---

[16] *Mößle*, W., Regierungsfunktionen, S. 57 f.; vgl. dazu auch *Hofmann*, H., Allgemeinheit des Gesetzes, S. 32 f.

[17] Vgl. z.B. v. *Stengel*, St., Das System der vorbehaltenen Polizeivorschriften oder der Strafpolizeivorschriften. Ein Beitrag zur praktischen Anwendung des bayerischen Polizeistrafgesetzbuches vom 10. Nov. 1861 im Justiz- und Verwaltungsdienste, in: Zeitschrift für Gesetzgebung und Rechtspflege des Königreichs Bayern, 8. Bd., 1862, S. 317.

[18] *Edel*, C., Das Polizeistrafgesetzbuch des Königreichs Bayern vom 10. November 1861, 1862, S. 158; v. Stengel, System der vorbehaltenen Polizeivorschriften, S. 319 f.

schen Beispiel von 1850 folgend, auf einen Kompromiß: den des gesetzlich delegierten Verordnungsrechts – im Unterschied zum „selbständigen" Verordnungsrecht.

Die im Polizeirecht gefundene – nicht zuletzt auch politisch realisierbare – Lösung machte den Streit über den Grenzverlauf von Gesetz und selbständigem Verordnungsrecht für das konstitutionelle Staatsrecht weitgehend gegenstandslos. Die Auseinandersetzung zwischen Adolf Arndt und Gerhardt Anschütz[19] über die Existenz eines Verordnungsrechts praeter legem war nurmehr ein staatsrechtliches Nachhutgefecht einer politisch längst entschiedenen Schlacht. Dem Besitz und Bildung repräsentierenden Parlamentarismus des 19. Jahrhunderts war es gelungen, das ursprünglich selbständige Verordnungsrecht des Monarchen in ein gesetzesabhängiges Verordnungsrecht zu verwandeln und seine Ausübung der Mitbestimmung der Repräsentativkörperschaften zu unterwerfen. Die Diskussion drehte sich nicht mehr um die Alternative der Verordnungsgewalt praeter oder intra legem, sondern wandte sich der Frage zu, in welchem Umfang Ermächtigungen an die Exekutive ausgesprochen werden durften.

### c) Blankett und Generalklausel

Die süddeutschen Polizeistrafgesetzbücher hatten ein neues System und zwar ein System von gesetzlichen Einzelermächtigungen eingeführt, die das Verordnungsrecht im einzelnen begründeten und gleichzeitig begrenzten.[20] Verfassungspolitisch kam darin das traditionelle Selbstverständnis der süddeutschen Volksvertretungen als rechtsstaatliche Einrichtungen zum Schutz von Freiheit und Eigentum der von ihnen repräsentierten bürgerlichen Gesellschaft zum Ausdruck;[21] in erster Linie aber war es das

---

[19] *Arndt*, A., Das selbständige Verordnungsrecht, 1902; *Anschütz*, G., Die gegenwärtigen Theorien über den Begriff der gesetzgebenden Gewalt und den Umfang des königlichen Verordnungsrechts nach preußischem Staatsrecht, 1900.

[20] *Fremuth*, F., Der Vorbehalt des Gesetzes in der Bayerischen Verfassungsurkunde vom 26. 5. 1818 und seine Auswirkungen auf die Rechtsentwicklung im bayerischen Frühkonstitutionalismus, 1970, S. 135; *Götz*, V., Allgemeines Polizei- und Ordnungsrecht, 8. Aufl., 1985, S. 17.

[21] Vgl. dazu *Roethe*, E., Die Ausführungsverordnung im heutigen Staatsrecht, AöR 59 (1931), S. 239: „Zwar sehen wir heute die eigentliche sedes materiae des Schutzes von Freiheit und Eigentum nicht mehr im Gesetzesbegriff, sondern in den Grundrechten. Freiheit und Eigentum wird nicht mehr durch ein parlamentarisches Mitwirkungsrecht vor dem absoluten Fürsten, sondern durch verfassungsmäßige Garantie vor dem Gesetzgeber geschützt, die Freiheit der Person durch Art. 114, das Eigentum durch Art. 153 RV." *Hofmann*, H., Allgemeinheit des Gesetzes, S. 24, 31.

## 2. Das Verordnungsrecht im 19. Jahrhundert

Bewußtsein des politischen Gegensatzes zwischen bürgerlichem Parlament und monarchischer Regierung, das die Kammern veranlaßte, den Spielraum des exekutiven Verordnungsrechts so weit wie möglich zu begrenzen. Diese Absicht wurde dadurch verwirklicht, daß lediglich Blankett-Ermächtigungen zur Regelung einzelner ausdrücklich bezeichneter Gegenstände – Betteln, Hausieren, Abhalten von Tanzmusiken – erteilt wurden, die im Gesetz bereits eine allgemeine tatbestandliche Umschreibung und eine Strafbewehrung erfahren hatten. Der exekutiven Verordnung blieb damit nur „jene Ergänzung und Detailentwicklung, welche in Polizeisachen dem gesetzlich Geordneten zu theil werden soll."[22]

Die süddeutschen Polizeistrafgesetzbücher wurden damit zum Prototyp der Ermächtigung, die der Exekutive lediglich ein das Gesetz ergänzendes Normsetzungsrecht zugestand und dieses unter die weitere Voraussetzung stellte, daß es durch eine ausdrückliche formell-gesetzliche Regelung eröffnet war.[23]

Im Unterschied dazu wurde in Preußen und in den meisten übrigen norddeutschen Staaten das System einer lediglich durch ihren Zweck beschränkten Generalermächtigung praktiziert. Die Polizei wurde zur Normsetzung im sachlichen Gesamtumfang ihres Wirkungskreises ermächtigt und mit der Vollmacht ausgestattet, selbst den jeweiligen Strafrahmen zu bestimmen. Eine Grenze fand diese Generalermächtigung lediglich in der polizeilichen Aufgabe der Gefahrenabwehr.[24] Es handelte sich damit um ein zwar auf gesetzlicher Grundlage beruhendes, inhaltlich aber letztlich wieder „selbständiges" Verordnungsrecht. Ursprünglich war dieses Ermächtigungssystem auch für das bayerische Polizeigesetzbuch beabsichtigt:

---

[22] *Edel*, C., Polizeistrafgesetzbuch, S. 159, vgl. auch S. 161; nach *v. Stengel*, System der vorbehaltenen Polizeivorschriften, S. 319, liegt dem Bayerischen Polizeistrafgesetzbuch eine zweifache Systematik zugrunde: Es enthält „theils vollständig umschriebene und unter bestimmte Strafandrohungen gestellte Thatbestände ..., theils enthält es Strafdrohungen, welche nicht mit einer Thatbestandsbeschreibung, sondern mit dem Vorbehalte verbunden sind, daß der betreffende Gegenstand durch Verordnung oder durch sonstige Polizeivorschrift geordnet werden könne und daß sodann die Zuwiderhandlung gegen diese Vorschrift der bereits gesetzlich vorgesehen Strafe verfalle".

[23] Vgl. *Pözl*, J., Bayerisches Verfassungsrecht, S. 408: „Es ist daher im Allgemeinen auch nicht zulässig, Lücken, welche das Gesetz etwa gelassen hat, durch Verordnungen zu ergänzen, wenn das Gesetz dieß nicht ausdrücklich als zulässig erklärt, wie dies namentlich in Polizeistrafsachen durch das Polizeistrafgesetzbuch in einer Reihe von Fällen geschehen ist".

[24] Vgl. dazu die Kreuzberg-Entscheidung des preuß. OVG aus dem Jahre 1882 (OVGE 9, 353 ff.); *Schoen*, P., Die Verordnungen, Handbuch der Politik, hrsg. von Laband, P., u.a., Bd. 1, 1912, S. 301.

„Der Entwurf des Polizeistrafgesetzbuchs beabsichtigte, über die Zulässigkeit der Polizeivorschriften lediglich das öffentliche Bedürfniß nach Repression entscheiden zu lassen und ihnen nur unter dieser einzigen Beschränkung die Beherrschung des unermeßlichen Gebietes aller derjenigen Lebenserscheinungen freizugeben, welche entweder bei Berathung und Abstimmung des PStGB's aus zufälligen Gründen unbeachtet blieben, oder sich künftig im Wechsel der Zeiten als ordnungsbedürftig fühlbar machen könnten, insbesondere als Folge neuer oder veränderter politischer oder socialer Verhältnisse, oder neuer Erscheinungen im Gebiete der Wissenschaft, Kunst oder Technik.

Da aber das öffentliche Bedürfnis nach Repression leicht auch ein nur vermeintliches, nicht jedesmal ein wirkliches sein könnte, und die alleinige Entscheidung der Polizeibehörden über diese Vorbedingniß, um sich mit einer folgenschweren gesetzgeberischen Funktion und Gewalt bekleiden zu dürfen, mancherlei Bedenken erregte, so wurde in den Verhandlungen der Gesetzgebungsausschüsse dieses unbeschränkte Strafpolizeivorschriftensystem verworfen und der Grundsatz aufgestellt, daß die Polizeivorschriften einschlüssig der Verordnungen nur in jenen Gegenständen zulässig sein sollen, welche ein Gesetz ausdrücklich als polizeivorschriftsfähig bezeichnet."[25]

Die Bedenken des Landtags richteten sich vor allem dagegen, daß der Regierungsentwurf die Polizeibehörden ermächtigte und ihnen damit die Möglichkeit einräumte, ein bisher nicht verbotenes Verhalten durch polizeiliche Verordnung unter Strafe zu stellen. Demgegenüber war es das erklärte Ziel des Landtags, das Polizeistrafrecht selbst und definitiv gesetzlich zu regeln und nur dort, wo es unmöglich war, einen Tatbestand abschließend gesetzlich zu formulieren, der Exekutive eine – tatbestandlich beschränkte – spezielle Ermächtigung zu erteilen, in deren Rahmen sich ihre Rechtssetzungsbefugnis zu halten hatte.

Die herrschende Staatsrechtslehre[26] beantwortete die Frage nach den Schranken der Delegation im Sinne der preußischen Auffassung: Es bleibe dem freien Ermessen des Gesetzgebers überlassen, ob er eine Angelegenheit selbst erschöpfend regeln oder der Exekutive ein Blankett zur Ausfüllung ausstellen wolle; er könne der Exekutive ferner nur Teilbereiche zur Ergänzung, aber auch „die selbständige Normierung einer ganzen Angelegenheit überlassen."[27] Theoretisch konnte sich ein Reichsgesetz auf den einen Satz beschränken, daß sein Regelungsgegenstand – etwa das Notariatswesen, das Schulwesen oder sogar das Eherecht – seinem ganzen Umfange nach im Verordnungswege zu regeln war.[28] Man besorgte darin

---

[25] *Stengel v.*, St., System der vorbehaltenen Polizeivorschriften, S. 320 f.
[26] Vgl. die Quellenangaben bei *Huber*, E. R., Verfassungsgeschichte, Bd. 5, S. 64 Anm. 9.
[27] *Triepel*, H., Bericht, S. 18.
[28] *Triepel*, H., Bericht. S. 19.

keine Verletzung oder Aufhebung des König und Landtag, bzw. im Reich Bundesrat und Reichstag gemeinsam zustehenden Gesetzgebungsrechts, sondern sah darin nur dessen „besondere Anwendung."[29] Die zu einem Gesetz erforderliche Zustimmung war auch dann gewahrt, wenn sich die Volksvertretung entschloß, einen Regelungsgegenstand dem Verordnungsweg zu überweisen: anstatt selbst unmittelbar Rechtsregeln aufzustellen, konnte ein Gesetz ebensogut Anweisungen darüber enthalten, wie sie zu erlassen waren.[30] Die Entscheidungsvollmacht des Gesetzgebers deckte jedenfalls auch diese „besondere" Art, von seinem Gesetzgebungsrecht Gebrauch zu machen. Es entsprach dem Desinteresse der positivistischen Staatsrechtslehre an politischen Zusammenhängen, wenn sie im Erlaß von Ermächtigungsgesetzen auch dann noch lediglich einen Sonderfall der Gesetzgebung sehen wollte, wenn die Ermächtigung die selbständige Regelung einer ganzen Materie eröffnete.

In der politischen Praxis beantwortete die Entscheidung für eine Spezial- oder Generalermächtigung die Frage, in welchem Umfang der Exekutive eine Domäne eigenständiger Politik eingeräumt wurde. Hinter der begriffsorientierten Auffassung der Staatsrechtslehre stand das der Exekutive zugestandene Mandat zur Gestaltung der Sozial-, Wirtschafts- und Gesellschaftspolitik, ohne sich den mit dem Parlamentarismus verbundenen politischen Händeln aussetzen zu müssen.[31] Mit dem Ermächtigungsgesetz vom 4. August 1914[32] wurde dieses Mandat auf eine gleichermaßen spektakuläre wie verhängnisvolle Art in Anspruch genommen: Der Reichstag stimmte an diesem Tag[33] nicht nur geschlossen für die Bewilligung der Kriegskredite, sondern erteilte der Reichsregierung darüber hinaus die Befugnis, „während des Krieges diejenigen gesetzlichen Maßnahmen anzuordnen, welche sich zur Abhilfe wirtschaftlicher Schädigungen als notwendig erweisen."[34] Daß die Kriegsdauer zu diesem Zeitpunkt noch nach Wochen eingeschätzt wurde, ändert nichts daran, daß der Reichstag in nationaler Euphorie eine Diktatur des Bundesrates installierte, die in über

---

[29] *Laband*, P., Reichsstaatsrecht, S. 137 f.
[30] *Laband*, P., Reichsstaatsrecht, S. 138; *Jellinek*, G., Gesetz und Verordnung, 1888, S. 333, 382 f., vgl. dazu auch *Staupe*, J., Parlamentsvorbehalt und Delegationsbefugnis, 1986, S. 55.
[31] Ähnlich wie im Preußischen Budgetkonflikt stand die Staatsrechtslehre also auch bei der Frage der Verordnungsermächtigung auf der Seite der Regierung.
[32] RGBl 327.
[33] Vgl. dazu die Schilderung von *Huber*, E. R., Deutsche Verfassungsgeschichte seit 1789, Bd. 5, S. 33 f.
[34] § 3 des „Gesetzes über die Ermächtigung des Bundesrates zu wirtschaftlichen Maßnahmen und über die Verlängerung der Fristen des Wechsel- und Scheckrechts im Falle kriegerischer Ereignisse", RGBl. S. 327 f.

800 Verordnungen zwischen dem 6. August 1914 und dem 7. November 1918 ihren Niederschlag fand. Sie hatten nicht nur einschneidende Bewirtschaftungsmaßnahmen zur Folge, sondern neben der Währungs- und Finanzpolitik auch das Zivil-, das Arbeits- und Sozialrecht und sogar das gerichtliche Verfahren zum Gegenstand.[35] Dem Gesetz vom 4. August wurde der naheliegende Effekt „einer mehr absolutistisch-zentralistischen Gestaltung"[36] des Staatslebens zugeschrieben und es wurde die verstiegene Vermutung an seinen Erlaß geknüpft, damit habe das Ende des „gewaltenteilenden Konstitutionalismus" in der Verfassungsgeschichte begonnen.[37] Seine tatsächliche „epochale Bedeutung"[38] lag in der verfassungspolitischen Vorbildwirkung, die es in der Weimarer Zeit für eine Kette von Ermächtigungsgesetzen entfaltete.

---

[35] *Huber*, E. R., Verfassungsgeschichte, Bd. 5, S. 69 ff.

[36] *Jacobi*, E., Das Verordnungsrecht im Reiche seit dem November 1918, AöR 39 (1920), S. 275 f.

[37] *Schmitt*, C., Vergleichender Überblick über die neueste Entwicklung des Problems der gesetzgeberischen Ermächtigungen, Z. f. ausl. öff. Recht und Völkerrecht, 1936, S. 252.

[38] *Huber*, E. R., Verfassungsgeschichte, Bd. 5, S. 62 f.

## 3. Theorie und Praxis der Ermächtigung unter der Weimarer Reichsverfassung

### a) Die Weimarer Ermächtigungsgesetze

Das Ermächtigungsgesetz vom 4. August 1914 erlosch verfassungsrechtlich erst am 10. Februar 1919. An diesem Tag erließ die Weimarer Nationalversammlung, die sich vier Tage vorher konstituiert hatte, das „Gesetz über die vorläufige Reichsgewalt."[39] Es handelte sich um eine Übergangsverfassung, die das Staatsleben bis zum Erlaß der definitiven Verfassung notdürftig organisieren sollte. Das Gesetz übertrug der Nationalversammlung die Aufgabe, die künftige Reichsverfassung auszuarbeiten, aber auch – insoweit im Vorgriff auf den künftigen Gesetzgeber – „sonstige dringende Reichsgesetze zu beschließen."[40] Damit schien der demokratisch-parlamentarische Regelfall der Gesetzgebung durch eine gewählte Repräsentativkörperschaft hergestellt. Die mit der Verfassung und der (Erzbergerschen) Finanzreform befaßte Nationalversammlung sah sich jedoch bereits einen knappen Monat später veranlaßt, auf das im Kaiserreich praktizierte Verfahren der Ermächtigungsgesetze zurückzugreifen. Im Stil des Gesetzes vom 4. August 1914 wurde der Reichsregierung in dem nur zwei Paragraphen enthaltenden „Gesetz zur Durchführung der Waffenstillstandsbedingungen"[41] eine Blankovollmacht ausgestellt, die sie zur Anordnung derjenigen wirtschaftlichen und finanziellen Maßnahmen ermächtigte, die sich zu dem genannten Zweck als notwendig erwiesen. Das nur wenige Wochen später erlassene „Gesetz über eine vereinfachte Form der Gesetzgebung für die Zwecke der Übergangswirtschaft"[42] stellte das republikanische Gegenstück zum Ermächtigungsgesetz von 1914 dar, indem es die Reichsregierung ermächtigte, mit Zustimmung eines 28köpfigen Ausschusses der Nationalversammlung alle „gesetzlichen Maßnahmen

---

[39] RGBl. 169, vgl. *Huber*, E. R., Verfassungsgeschichte, Bd. 5, S. 1077.
[40] § 1 des Gesetzes über die vorläufige Reichsgewalt.
[41] Gesetz zur Durchführung der Waffenstillstandsbedingungen vom 6. März 1919, RGBl. 286; vgl. dazu auch *Poetzsch*, F., Vom Staatsleben unter der Weimarer Verfassung, JöR 13 (1925), S. 206.
[42] Gesetz über eine vereinfachte Form der Gesetzgebung für die Zwecke der Übergangswirtschaft vom 17. April 1919, RGBl., S. 394. Das Gesetz enthielt wiederum nur zwei Paragraphen.

anzuordnen, welche sich zur Regelung des Übergangs von der Kriegswirtschaft in die Friedenswirtschaft als notwendig und dringend erweisen."[43] Die Reichsregierung erhielt damit die Möglichkeit, die künftige Wirtschaftsordnung im Wege der gouvernementalen Normsetzung vorwegzunehmen. Daß man sich dieser weitgehenden politischen Möglichkeiten bewußt war, beweist nicht nur die Zahl der auf Grund dieses Gesetzes erlassenen Verordnungen,[44] sondern insbesondere die Bedeutsamkeit einzelner, auf diesem Wege getroffener Entscheidungen, die von der Einrichtung eines Reichsamtes für Arbeitsvermittlung bis zur Errichtung des Reichswirtschaftsgerichts im Mai 1920 reichten.[45] Beide Einrichtungen wurden im Verordnungswege konstituiert.

Eine zweite Welle von Ermächtigungsgesetzen löste der Ruhrkampf aus. Die Hoffnung, Wirtschaftsfachleute könnten die seit Monaten schwelende Reparationskrise bewältigen, hatte im November 1922 zu einem bürgerlichen Minderheitenkabinett unter dem parteilosen Generaldirektor der Hapag, Wilhelm Cuno, geführt. Die in dieses Kabinett der „Männer mit diskontfähiger Unterschrift"[46] gesetzten wirtschaftspolitischen Hoffnungen erfüllten sich nicht. Am 11. Januar 1923 marschierten französische und belgische Truppen in das Ruhrgebiet ein, um den Reparationsforderungen durch die Besetzung von „produktiven Pfändern" Nachdruck zu verleihen. Die Reichsregierung propagierte den passiven Widerstand, der Ruhrkampf begann. Anstatt sich die politische Situation zu eigen zu machen, verabschiedete der Reichstag am 24. Februar 1923 das sog. „Notgesetz",[47] das die amtierende Geschäftsregierung in die Lage versetzte, dringende Maßnahmen zur Sicherung der deutschen Gerichtsbarkeit, des Finanzwesens, der Währung sowie des Fürsorge- und Sozialrechts gegen fremde Einwirkungen zu erlassen.[48]

Die politische und wirtschaftliche Aussichtslosigkeit des Ruhrkampfes fand ihren sinnfälligen Ausdruck im rasanten Verfall der Währung,[49] dem die Regierung Cuno schließlich zum Opfer fiel. Konkursverwalter der Ruhrkampfpolitik wurde eine im Herbst 1923 gebildete Große Koalition

---

[43] RGBl. 394, § 1 des genannten Gesetzes.

[44] Vgl. Huber, E. R., Verfassungsgeschichte, Bd. 5, S. 1089, wonach aufgrund dieses Gesetzes allein 78 gesetzesvertretende Verordnungen erlassen wurden, sowie die Aufzählung bei *Poetzsch*, F., Vom Staatsleben, JöR 13 (1925), S. 207 ff.

[45] RGBl. 876, 1167.

[46] *Möller*, H., Weimar. Die unvollendete Demokratie. 1985, S. 154.

[47] Notgesetz vom 24. Februar 1923, RBGl. 147.

[48] Vgl. die Zusammenstellung bei *Poetzsch*, F., Staatsleben, JöR 13 (1925), S. 212.

[49] Vgl. *Möller*, H., Weimar, S. 155 f.

unter Reichskanzler Gustav Stresemann, die den passiven Widerstand am 26. September abbrach. Im Reichstag wurde eine, schlicht „Ermächtigungsgesetz" überschriebene, Vorlage eingebracht, die der Regierung das Recht einräumte, „die Maßnahmen zu treffen, welche sie auf finanziellem, wirtschaftlichem und sozialem Gebiet für erforderlich und dringlich" hielt. Mit der Verabschiedung dieses Gesetzes am 13. Oktober 1923[50] entzog sich der Reichstag zum zweitenmal innerhalb weniger Monate einer parlamentarischen Bewältigung der politischen Situation. Erschwerend kam hinzu, daß nach § 1 Satz 2 des Gesetzes von den Grundrechten der Reichsverfassung abgewichen werden konnte. Die Ermächtigung war allerdings mit dem parteienstaatlichen Zusatz versehen, daß sie „mit dem Wechsel der derzeitigen Reichsregierung oder ihrer parteipolitischen Zusammensetzung" automatisch außer Kraft treten sollte.[51] Dieses Ereignis trat nur knapp drei Wochen später ein. Die SPD verließ die Große Koalition am 2. November, weil ihr linker Flügel es der Reichsregierung verübelte, daß sie zwar gegen die in Sachsen und Thüringen amtierenden Volksfrontregierungen vorging, sich Bayern gegenüber jedoch hinhaltend verhielt, wo Generalstaatskommissar von Kahr sich weigerte, den „Völkischen Beobachter" zu verbieten und Hitler seinen Putsch vorbereitete.[52] Bis zum Zerwürfnis der Koalition hatte die Reichsregierung 36 Rechtsverordnungen erlassen, unter ihnen eine Kartell- und Schlichtungsverordnung, denen nach der sachverständigen Ansicht E. R. Hubers[53] eine weit über Weimar hinausweisende Bedeutung für die Entwicklung des modernen Wirtschafts- und Sozialstaates zukam.

Das nach dem Sturz Stresemanns von dem Zentrumspolitiker Wilhelm Marx gebildete Minderheitskabinett trat die Regierungsgeschäfte mit der im Reichstag abgegebenen Erklärung an, langwierige parlamentarische Verhandlungen seien angesichts der katastrophalen Situation der Staatsfinanzen und der herrschenden Arbeitslosigkeit unerträglich und unangebracht. Mit den Stimmen der aus der Koalition ausgescherten SPD wurde die Reichsregierung am 8. Dezember zum drittenmal im Jahr 1923 mit einem wiederum wörtlich so bezeichneten Ermächtigungsgesetz[54] ausgestattet, das sie in die Lage versetzen sollte, „die Maßnahmen zu treffen, die sie im Hinblick auf die Not von Volk und Reich für erforderlich und drin-

---

[50] Ermächtigungsgesetz vom 13. Oktober 1923, RGBl. 943; vgl. *Poetzsch*, F., Staatsleben, JöR 13 (1925), S. 213.
[51] RGBl. 943, § 2 des „Ermächtigungsgesetzes".
[52] *Möller*, H., Weimar, S. 158.
[53] *Huber*, E. R., Verfassungsgeschichte, Bd. 6, S. 442 f.
[54] Ermächtigungsgesetz vom 8. Dezember 1923, RGBl. 1179.

gend"⁵⁵ hielt. Das Gesetz wurde Grundlage für völlig unterschiedliche Gegenstände wie die Neuordnung des Finanzwesens, die Assimilierung der Rechtsordnung, insbesondere des Wechsel- und Scheckrechts, an die neue Goldmarkwährung und die Verlängerung der Arbeitszeit, die notwendig geworden war, um die Reparationen zu bezahlen. Die „Deutsche Reichsbahn" verdankt ihm ihre Existenz ebenso wie das Strafprozeßrecht die Einführung von Schöffengerichten und Strafkammern und die Zivilprozeßordnung die Sprungrevision⁵⁶ – alles jeweils im Verordnungswege. Nicht zuletzt verdankte ihm aber Adolf Hitler einen, das Außergewöhnliche des Ermächtigungsgesetzes vom 24. März 1933 kaschierenden Titel. Das „Gesetz zur Behebung der Not von Volk und Reich"⁵⁷ knüpfte absichtsvoll an den nicht ohne Pathos gewählten Wortlaut des Dezembergesetzes von 1923 an. Der beabsichtigte Eindruck wurde dadurch verstärkt, daß das Gesetz, in Anlehnung an das Oktober-Ermächtigungsgesetz von 1923, ebenfalls außer Kraft treten sollte, „wenn die gegenwärtige Reichsregierung durch eine andere abgelöst" würde, spätestens jedoch am 1. April 1937⁵⁸. Die vordergründige sprachliche Anknüpfung an die alten Vorbilder versuchte den entscheidenden Unterschied des nationalsozialistischen Ermächtigungsgesetzes von seinen Vorgängern zu verschleiern; das Gesetz von 1933 ermächtigte nicht nur zum Erlaß gesetzesvertretender Verordnungen, es hob vielmehr den Unterschied zwischen Gesetz und Verordnung überhaupt auf, indem es die Reichsregierung zum eigenständigen Gesetzgeber ernannte, der noch nicht einmal an die Reichsverfassung gebunden war.⁵⁹ Der Reichstag begnügte sich endgültig mit der Rolle des Statisten.

### b) Die Diskussion der Staatsrechtslehre in der Weimarer Zeit

Am 3. August 1920 erneuerte der Reichstag die ursprünglich von der Nationalversammlung ausgestellte Blankoermächtigung für die Zwecke

---

⁵⁵ § 1 des wiederum aus zwei Paragraphen bestehenden Gesetzes.
⁵⁶ Vgl. *Poetzsch*, F., Staatsleben, JöR 13 (1925), S. 214 ff.
⁵⁷ RGBl. 141.
⁵⁸ Die Verlängerungen des Gesetzes im Januar 1937 (RGBl. 105), und 1939 (RGBl. 95) waren reine Formsache. 1943 wurde die Weitergeltung des Ermächtigungsgesetzes durch Erlaß Adolf Hitlers bestimmt (RGBl. 295).
⁵⁹ In Artikel 1 des Gesetzes zur Behebung der Not von Volk und Reich hieß es: „Reichsgesetze können außer in dem in der Reichsverfassung vorgesehenen Verfahren auch durch die Reichsregierung beschlossen werden." Art. 2 lautete: „Die von der Reichsregierung beschlossenen Reichsgesetze können von der Reichsverfassung abweichen, soweit sie nicht die Einrichtung des Reichstags und des Reichsrats als solche zum Gegenstand haben."

## 3. Theorie und Praxis der Ermächtigung

der Übergangswirtschaft.[60] Nicht zuletzt die Prolongierung dieser Ermächtigung veranlaßte den Deutschen Juristentag, sich im Jahr 1921 erstmals in seiner Geschichte mit einem staatsrechtlichen Thema zu befassen. Der Abteilung für öffentliches Recht wurde die Frage vorgelegt: „Empfiehlt es sich, in die Reichsverfassung neue Vorschriften über die Grenzen zwischen Gesetz und Rechtsverordnung aufzunehmen?"[61]

Wie die Fragestellung schon andeutet, schwieg sich die Weimarer Verfassung zu diesem Thema weitgehend aus. Lediglich der ausdrücklichen verfassungsrechtlichen Ermächtigung zum Erlaß von Verwaltungsvorschriften in Art. 77 WRV ließ sich im Gegenschluß entnehmen, daß der Erlaß von Rechtsverordnungen nicht schon von Verfassungswegen erlaubt war. Die Unterscheidung zwischen Verwaltungs- und Rechtsverordnungen[62] blieb deutlich der konstitutionellen Staatsrechtslehre verpflichtet. Dem Laband'schen Gesetzesbegriff folgend wurde das ursprünglich einheitliche Gebiet der Verordnung in Rechts-Verordnungen und Verwaltungs-Verordnungen aufgespalten. Die Unterscheidung richtete sich danach, ob sich die jeweilige Norm an die Behörden wandte oder aber „bindend und befehlend in Freiheit und Eigentum der Bürger" eingriff[63] und damit, „ihrem inneren Wesen nach",[64] Gesetzescharakter hatte.

Nach der ebenfalls bereits von der konstitutionellen Staatslehre entwickelten Systematik blieb auch die Unterscheidung zwischen bloßen Ausführungsverordnungen und den übrigen „ermächtigenden Verordnungen" erhalten. Ausführungsverordnungen enthielten keinen neuen, selbständigen Rechtsgedanken, sondern führten nur zu Ende, was im Gesetz bereits angeordnet war. Ihre Aufgabe war die Detaillierung und Entfaltung der vorgegebenen gesetzlichen Regelung.[65]

---

[60] Gesetz über die vereinfachte Form der Gesetzgebung für die Zwecke der Übergangswirtschaft vom 3. August 1920, RGBl. 1493.

[61] Verhandlungen des 32. DJT (Bamberg), hrsg. von dem Schriftführer-Amt der ständigen Deputation Berlin und Leipzig, 1922, S. 11 ff.

[62] Vgl. dazu etwa auch § 61 Nr. 6 und 7 der Verfassungsurkunde des Freistaates Bayern vom 14. August 1919.

[63] *Anschütz*, G., Die Verfassung des deutschen Reichs vom 11. August 1919, 11. Aufl. 1929, S. 35.

[64] *Kratzer*, J., Die Verfassungsurkunde des Freistaates Bayern vom 14. August 1919, 1925, § 61 Anm. 21.

[65] Eine erweiternde Interpretation erfuhren die Ausführungsverordnungen Mitte der 20er Jahre durch die Rechtsprechung des RFH, der den Begriff der „Durchführungsverordnung" entwickelte. Gegenüber den reinen Ausführungsverordnungen wiesen sie die Besonderheit auf, daß in der Ermächtigung die Erklärung des Gesetzgebers enthalten war, er betrachte seine Regelung als unvollständig und wolle die Ausfüllung von Lücken sowie die Abgrenzung der nur grundsätzlich

## 3. Theorie und Praxis der Ermächtigung

Im Unterschied dazu beruhten die „selbständigen" Verordnungen auf einer besonderen gesetzlichen Ermächtigung im Einzelfall, die nicht die Ausführung eines Gesetzes zum Gegenstand hatte, sondern die selbständige Regelung einer Angelegenheit, die an sich in den Kompetenzbereich der Gesetzgebung gehörte. Sie hatten, insofern das Gesetz vertretend, selbständige Anordnungen zum Inhalt, die von der – selbständigen und eigenständigen – Ergänzung eines Gesetzes bis zur vollständigen Regelung einer Materie reichen konnten. Im Unterschied zu den Ausführungsverordnungen beruhten sie zwar auf einem speziellen Gesetz, waren in ihrer Existenz von diesem jedoch unabhängig. Diese, von der vorrevolutionären Staatsrechtslehre[66] erarbeitete Systematik wurde der WRV stillschweigend zugrunde gelegt.[67]

Im Unterschied zum alten Recht handelte es sich bei der Gesetzgebung jedoch nicht mehr um eine von Regierung und Parlament gemeinsam und einvernehmlich wahrzunehmende Funktion, sondern um eine von der Verfassung ausschließlich dem Parlament zugewiesene Domäne. Umso befremdlicher mußten die Ermächtigungsgesetze zu Beginn der Weimarer Republik erscheinen. Der darin liegende Verzicht des Reichstags auf seine verfassungsmäßige gesetzgebende Gewalt wurde als „eine der auffälligsten Erscheinungen des jungen deutschen Parlamentarismus"[68] betrachtet. Auf dem Bamberger Juristentag sollte daher die Frage geklärt werden, ob und in welchem Umfang das Parlament unter der Herrschaft einer demokratisch-rechtsstaatlichen Verfassung sein Gesetzgebungsrecht überhaupt delegieren durfte.

Die Berichterstatter – Heinrich Triepel und Fritz Poetzsch – kritisierten, die der Reichsregierung erteilten Vollmachten seien inhaltlich zu unbestimmt und von einer übertriebenen Weite. Der Reichsregierung werde dadurch die Möglichkeit eröffnet, im Verordnungswege tief in wichtige

---

umschriebenen Tatbestände dem Verordnungsgeber übertragen. Sie wurden mit der Aufhebung des ermächtigenden Gesetzes ebenso gegenstands- und wirkungslos, wie die übrigen Ausführungsverordnungen. Vgl. RFH 18, 47; *Jacobi*, E., Die Rechtsverordnungen, in: Handbuch des Deutschen Staatsrechts, Bd. 2 (HDStR II), hrsgg. von Gerhard Anschütz und Richard Thoma, 1932, S. 251.

[66] Vgl. *Laband*, P., Reichsstaatsrecht, S. 136.

[67] Vgl. zur Kritik der konstitutionellen Ermächtigungspraxis *Lindenberg*, G., Die Gefahren der Rahmengesetze, DJZ 19 (1914), Sp. 457 ff.; *Thoma*, R., Der Vorbehalt der Legislative und das Prinzip der Gesetzmäßigkeit von Verwaltung und Rechtsprechung, HDStR II, S. 223 f.; *Jacobi*, E., Die Rechtsverordnungen, HDStR II, S. 236 f.; ders., Die Verwaltungsanordnungen, HDStR II, S. 255 ff.; *Roethe*, E., Die Ausführungsverordnung im heutigen Staatsrecht, AöR 59, (1931) S. 339.

[68] *Poetzsch*, F., Vom Staatsleben unter der Weimarer Verfassung, JöR 13 (1925) S. 206.

## 3. Theorie und Praxis der Ermächtigung

Lebensverhältnisse einzugreifen und einschneidende Änderungen an der bestehenden Rechtsordnung, auch auf dem Gebiet des bürgerlichen und sogar des Straf- und Prozeßrechts vorzunehmen.[69] Dies sei mit einer republikanisch-demokratischen Verfassung nicht vereinbar. Wenn die Verfassung der Volksvertretung die Gesetzgebungskompetenz zuweise, könne das Parlament diese nicht beliebig und nach Gutdünken auf ein anderes Organ übertragen, ohne die Verfassung samt ihrer Aufgabenverteilung in Frage zu stellen.[70] Damit sollten sowohl allgemeine Ermächtigungen ausgeschlossen werden, die es der Exekutive erlaubten, im Stile des Übergangsgesetzes zahlreiche Lebensverhältnisse einer gouvernementalen Regelung zu unterwerfen, es sollte aber auch die Überweisung ganzer Gesetzgebungsmaterien auf den Verordnungsweg verhindert werden. Die Fixierung auf einen begrenzten Zweck sollte die Ermächtigung der beliebigen Verfügbarkeit und Verwendung durch die Exekutive entziehen: erst die Zweckbestimmung konkretisiere die zu erlassende Rechtsverordnung in der notwendigen Weise.[71] Während Triepel innerhalb eines so vorgegebenen Rahmens auch „selbständige", d.h. nicht durch gesetzgeberische Anweisungen gesteuerte Regelungen eines zeitlich oder sachlich begrenzten Lebensgebietes akzeptieren wollte,[72] wobei ihm insbesondere das Polizeiverordnungsrecht vor Augen stand, forderte Poetzsch eine rigorose Beschränkung der Delegationsfreiheit auf reine Ausführungs- und Ergänzungsverordnungen.[73] Eine Ermächtigung durfte nur unter der Voraussetzung erteilt werden, daß das in Bezug genommene Lebensverhältnis seine allgemeine und grundsätzliche Regelung bereits im ermächtigenden Gesetz gefunden hatte.[74] Unzulässig waren danach nicht nur Ermächtigungen, die sich nicht auf ein bestimmtes Lebensverhältnis beschränkten, sondern – und hier im Gegensatz zur Auffassung Triepels – auch solche Ermächtigungen, die zwar ein bestimmtes Lebensverhältnis zum Gegenstand hatten, dieses jedoch ohne gesetzliche Vorgabe – gewissermaßen als selbständiges Verordnungsrecht kraft einfachen Gesetzes[75] – einer Regelung durch Rechtsverordnung vorbehielten.

---

[69] *Triepel*, H., Bericht, S. 34.

[70] *Triepel*, H., Bericht, S. 17, 26 f.; vgl. dazu auch Poetzsch-Heffter, Handkommentar zur Reichsverfassung vom 11. August 1919, 3. Aufl. 1928, Art. 68 Anm. 5 sowie die Kritik von *Schoen*, P., Verordnungsrecht, AöR 45 (1923/24) S. 151.

[71] *Triepel*, H., Bericht, S. 17, 26 f.

[72] *Triepel*, H., Bericht, S. 26 f., 55.

[73] *Poetzsch*, F., Bericht, S. 35, 37; *Triepel*, H., S. 26.

[74] Zusammengefaßt lautete die These: „spezielle Ermächtigung zum Zwecke der Ausführung oder Ergänzung", *Poetzsch*, F., Bericht, S. 57.

[75] *Poetzsch*, F., Bericht, S. 57; vgl. auch Poetzsch – Heffter, Handkommentar der Reichsverfassung vom 11. August 1919, 3. Aufl., 1928, Art. 68 Anm. 5.

Unabhängig von dieser sachlichen Divergenz rieten beide Berichterstatter von einer ausdrücklichen Regelung der Grenze zwischen Gesetz und Verordnung in der Verfassung ab.[76] Der Juristentag schloß sich der Überzeugung an, eine Formel, die einerseits die Delegationsfreiheit hinreichend sicher und justiziabel begrenze, andererseits aber dem Gesetzgeber die notwendige Bewegungsfreiheit lasse, sei nicht zu finden.[77]

Die in Bamberg vertretenen Auffassungen vermochten sich weder in der Theorie noch in der Staatspraxis durchzusetzen. Die herrschende Meinung blieb bei der prinzipiell unbeschränkten Delegationsfreiheit, die lediglich durch den vagen Vorbehalt eingeschränkt war, sie müsse sich „in gewissen äußersten (schwer formulierbaren) Grenzen halten, jenseits derer ein verfassungswidriger Mißbrauch vorläge."[78] Gegen die Bamberger Argumente wurde vorgebracht, eine Beschränkung der Delegationsfreiheit hätte einer positiven Festlegung in der Verfassung bedurft, sie könne nicht einfach „subintelligiert" werden.[79] Wie im vorrevolutionären Staatsrecht wurde an der Auffassung festgehalten, der Gesetzgeber könne sich in jedem von ihm selbst bestimmten Umfange vertreten lassen.[80] Damit hatte es mit der Mahnung sein Bewenden, der Gesetzgeber möge Verordnungsrecht nur in dem unumgänglich nötigen Umfange austeilen und sich nicht ohne besonderen Grund der Aufgabe entziehen, selbst das Recht zu setzen.[81]

Die Flucht in den Verordnungsstaat wurde nicht nur durch die dilatorische Haltung der Staatsrechtslehre, sondern noch mehr durch die Auffassung begünstigt, „ein moderner Regierungs- und Verwaltungsorganismus" sei strukturell besser in der Lage, mit den wirtschaftlichen und finanziellen Problemen der Republik fertig zu werden, als „ein nach Hunderten zählendes Parlament."[82] Der öffentlichen Meinung mußte die seit den beginnenden 30er Jahren üblich gewordene Praxis der Regierung durch Notverordnungen nach Art. 48 WRV insoweit als notwendige Konsequenz erschei-

---

[76] *Triepel*, H., Bericht, S. 17, 24 f.

[77] *Triepel*, H., Bericht, S. 17, 24 f.; vgl. auch *Schoen*, P., Das Verordnungsrecht und die neuen Verfassungen, AöR 45 (1923/24) S. 154 f.; *Roethe*, E., Ausführungsverordnung, AöR 59 (1931), S. 339 f.

[78] *Thoma*, R., Der Vorbehalt der Legislative und das Prinzip der Gesetzmäßigkeit von Verwaltung und Rechtsprechung, HDStR II, S. 227.

[79] *Nawiasky*, H., Bayerisches Verfassungsrecht, 1923, S. 434 f.

[80] *Nawiasky*, H., Bayerisches Verfassungsrecht, 1923, S. 434; *Thoma*, R., Vorbehalt, HDStR II, S. 227; *Schoen*, P., Verordnungsrecht, AöR 45 (1923/24) S. 148, 151, 154; vgl. zu den Gegenstimmen im konstitutionellen Staatsrecht *Lindenberg*, G., DJZ 19 (1914), Sp. 459.

[81] *Schoen*, P., Verordnungsrecht, AöR 45 (1923/24), S. 156.

[82] *Jacobi*, E., Rechtsverordnungen, HDStR II, S. 239.

nen. Ihren Kulminationspunkt erreichte diese Politik im Ermächtigungsgesetz vom 24. März 1933. Sein qualitativer Unterschied zu den bisherigen Ermächtigungsgesetzen lag darin, daß es „zur Behebung der Not von Volk und Reich" nicht nur den Weg zu gesetzesvertretenden Verordnungen eröffnete, sondern der Exekutive das Gesetzgebungsrecht schlechthin konzedierte.

## 4. Das Verordnungsrecht des nationalsozialistischen Staates

Mit der Vereinigung von Legislative und Exekutive im nationalsozialistischen Staat änderte sich zwangsläufig auch das Verhältnis von Gesetz und Verordnung. Die herkömmliche Abgrenzung, nach der Gesetze vom Parlament in einem bestimmten Verfahren und Verordnungen aufgrund gesetzlicher Ermächtigungen von der Exekutive erlassen wurden, war im „deutschen Führerstaat, in dem sich die gesamte Staatsgewalt in der Hand des Führers und Reichskanzlers vereinigt"[83] gegenstandslos. Gleichwohl wurde am Begriff des „Gesetzes" festgehalten. Er blieb den „Führergesetzen", den „vom Führer zugelassenen Gesetzen des Reichstags und des Volkes" und den ihnen „aus der früheren Staatsform" gleichstehenden Gesetzen vorbehalten. „Alle übrigen geschriebenen Rechtsregeln sind sachliche Rechtsregeln aus *abgeleiteter Gewalt*, also *Rechtsverordnungen*."[84] Die „Gesetze" sprachen die „leitenden politischen Absichten und die maßgebenden Grundsätze" aus, während den Verordnungen die Aufgabe zufiel, „im Rahmen der allgemeinen gesetzlichen Richtlinien" ihre nähere Durchführung und Anpassung an die Lebensverhältnisse vorzunehmen: „Das Gesetz ist leitender Führerwille, die Verordnung ist ausführender Wille der nachgeordneten Dienststellen."[85]

Es gehört zu den Besonderheiten der nationalsozialistischen Rechtslehre, daß sie, ungeachtet der absolutistischen Vielfalt[86] der Gesetzgebungsmöglichkeiten des Führers und Reichskanzlers, um eine scheinbar rechtsstaatliche Systematik bemüht blieb. Sieht man von den „Führerverordnungen"[87] ab, die der Argumentation das Äußerste an subtiler Distink-

---

[83] *Laforet*, W., Deutsches Verwaltungsrecht, 1937, S. 169; vgl. auch *Scheuner*, U., Die nationale Revolution, AöR 63 (1934), S. 307, 309.

[84] *Laforet*, W., Deutsches Verwaltungsrecht, S. 170.

[85] *Huber*, E. R., Verfassungsrecht des Großdeutschen Reiches, S. 251; ähnlich *Laforet*, W., Verwaltungsrecht, S. 173, *Maunz*, Th., Verwaltung, 1937, S. 39 f., *Scheuner*, U., Revolution, AöR 63 (1934) S. 307 f.

[86] Vgl. dazu *Huber*, E. R., Verfassungsrecht S. 252 f.; *Laforet*, W., Verwaltungsrecht, S. 171: „Der Name der Verlautbarung (ob „Gesetz", „Verordnung", „Erlaß") ist ohne rechtliche Bedeutung".

[87] Der Führer konnte an Stelle eines Gesetzes eine gesetzesvertretende „selbständige" Führerverordnung erlassen, er konnte sich aber auch selbst durch ein „Führergesetz" zu einer „abhängigen" Führerverordnung ermächtigen, welche die

## 4. Das Verordnungsrecht des nationalsozialistischen Staates

tion abverlangten, orientierte sich auch die nationalsozialistische Einteilung des Verordnungsrechts an der Abhängigkeit vom jeweiligen „ermächtigenden" Gesetz. Wie bereits unter der Weimarer Verfassung wurde von gesetzesvertretenden Verordnungen gesprochen, wenn sie auf einer Blankoermächtigung beruhten, die keinerlei materielle Regelung des berührten Gegenstandes enthielt, sondern sich darauf beschränkte, den zuständigen Minister zur „Regelung nach seinem Ermessen" zu ermächtigen.[88] Eine, die nationalsozialistische Verordnungspraxis charakterisierende Neuerung bildeten die gesetzesändernden und gesetzesergänzenden Verordnungen. Die einschlägigen Ermächtigungen[89] hoben die Abstufung zwischen Gesetz und Verordnung auch für die nachgeordneten Dienststellen weitgehend auf und machten den Adressaten der Ermächtigung „zum eigentlichen Herrn der Materie."[90] Gesetzesergänzende Verordnungen mußten sich zwar innerhalb des vom Gesetz festgelegten Rahmens halten, waren ansonsten jedoch offen für selbständige Erwägungen und konnten Bestimmungen enthalten, die im ermächtigenden Gesetz selbst keine unmittelbare Grundlage hatten. Das Ausmaß der eigenständigen Regelung blieb dem Ermessen des ermächtigten Ministers überlassen, solange er nicht von den Grundsätzen des Gesetzes abwich.[91] Wo diese Grundsätze in wenigen lakonischen Sätzen bestanden, war der Ermächtigungsadressat der eigentliche Gesetzgeber.[92]

---

Ausführung und Ergänzung dieses Gesetzes zum Gegenstand hatte, vgl. E. R. *Huber*, Verfassungsrecht, S. 252 und die Bemühungen, den „selbständigen Führerverordnungen" begrifflich gerecht zu werden.

[88] *Huber*, E. R., Verfassungsrecht, S. 254 f.; vgl. dazu die dort aufgeführten Beispiele nationalsozialistischer Ermächtigungsgesetze.

[89] Vgl. z. B. § 12 LuftschutzG vom 26. 6. 1933, RGBl. 827: „... zur Durchführung, Ergänzung und Änderung dieses Gesetzes..."; häufig wurde auch die Formel gewählt: „... erläßt die zur Durchführung dieses Gesetzes erforderlichen Rechts- und Verwaltungsverordnungen. Er kann auch Vorschriften ergänzenden oder abändernden Inhalts erlassen." Vgl. § 17 RabattG vom 25. 11. 1933, RBGl. 1011; § 7 Gesetz über die Einschränkung und Verwendung von Maschinen in der Zigarrenindustrie vom 15. 7. 1933, RGBl. 493; § 61 Reichserbhofgesetz vom 29. 9. 1933, RGBl. 685; § 3 Gesetz über die Beschränkung der Nachbarrechte gegenüber Betrieben, die für die Volksertüchtigung von besonderer Bedeutung sind, vom 12. 12. 1933, RGBl. 1058.

[90] *Forsthoff*, E., Verwaltungsrecht I, 1950, S. 109, Anm. 2.

[91] *Huber*, E. R., Verfassungsrecht, S. 256.

[92] Vgl. z. B. das ReichsbürgerG vom 15. 9. 1935, RGBl. 1146, das aus drei Paragraphen bestand: § 1 Staatsangehöriger ist, wer dem Schutzverband des Deutschen Reiches angehört und ihm dafür besonders verpflichtet ist. § 2 Reichsbürger ist nur der Staatsbürger deutschen oder artverwandten Blutes, der durch sein Verhalten beweist, daß er gewillt und geneigt ist, in Treue dem Deutschen Volk und Reich zu dienen. Das Reichsbürgerrecht wird durch Verleihung des Reichsbürgerbriefes

## 4. Das Verordnungsrecht des nationalsozialistischen Staates

Von den gesetzesergänzenden wurden die gesetzesausführenden Verordnungen unterschieden, die sich begrifflich auf eine Weiterführung der im Gesetz selbst bereits enthaltenen Bestimmungen beschränkten.[93] Ihre ebenfalls „ergänzende" Aufgabe unterschied sich von den eigentlichen Ergänzungsverordnungen dadurch, daß sie keine selbständigen Rechtsgedanken entwickelten und normierten, sondern nur die im Gesetz bereits enthaltenen Bestimmungen ergänzend fortführten. Sie erfüllten Hilfsfunktionen gegenüber der Gesetzgebung, indem sie zu ihrer Spezialisierung und Differenzierung beitrugen.[94]

Bei den gesetzesanwendenden Verordnungen schließlich handelte es sich um Vorschriften der Mittel- und Unterbehörden zum Vollzug der Gesetze.

---

erworben. Der Reichsbürger ist der alleinige Träger der vollen politischen Rechte nach Maßgabe der Gesetze. § 3 Durchführungsvorschriften. Der Reichsminister des Inneren erläßt im Einvernehmen mit dem Stellvertreter des Führers die zur Durchführung und Ergänzung des Gesetzes erforderlichen Rechts- und Verwaltungsvorschriften. Nürnberg, den 15. Sept. 1935, am Reichsparteitag der Freiheit." In der Folgezeit wurden insgesamt 13 Verordnungen zum Reichsbürgergesetz erlassen.

[93] *Huber*, E. R., Verfassungsrecht, S. 256.
[94] *Huber*, E. R., Verfassungsrecht, S. 257.

## 5. Art. 80 Abs. 1 S. 2 GG und seine Interpretation

### a) Die Diskussion des Art. 80 Abs. 1 GG in der unmittelbaren Nachkriegszeit

Übersteigerte Parteigegensätze und übersteigerter Parteiegoismus wurden schon in der Weimarer Zeit – im Handbuch des Deutschen Staatsrechts[95] – für die Erscheinung der Ermächtigungsgesetze verantwortlich gemacht. Die Unfähigkeit des Parlaments, sich auf eine mehrheitlich konsensfähige konstruktive Politik zu einigen, hatte zwangsläufig die Abschiebung der gleichwohl notwendigen Entscheidungen auf den Verordnungsweg zur Folge. Man sprach von der Selbstentmachtung des Parlaments und von der fehlenden Verantwortung für das Staatsganze.[96] An die beklagte Verdrängung der Verantwortung der Volksvertretung knüpfte das Grundgesetz an: „Im Hinblick auf die Erfahrungen, die unter der Weimarer Verfassung mit dem Reichstage gemacht worden sind, sind Vorkehrungen getroffen, um das zu verhindern und zu erreichen, daß sich das Parlament immer wieder seiner Verantwortung bewußt wird," heißt es in einem der ersten Grundgesetzkommentare.[97] Eine dieser Vorkehrungen war Art. 80 Abs. 1 S. 2 GG: Ermächtigungen dürfen, als Konsequenz der Weimarer Staatspraxis, nur unter der Voraussetzung erteilt werden, daß ihr Inhalt, ihr Zweck und das Ausmaß der Ermächtigung durch den Gesetzgeber selbst bestimmt sind. Auch die Auslegung dieser Voraussetzungen wurde in erster Linie im Rückblick auf die Weimarer Verfassungsverhältnisse vorgenommen. Das BVerfG wies darauf hin, das Parlament solle sich – „in bewußter Abkehr von der Praxis der Weimarer Zeit" – seiner Verantwortung als gesetzgebende Körperschaft nicht dadurch entziehen können, daß es einen Teil der Gesetzgebungsmacht der Regierung übertrage, „ohne genau die Grenzen dieser übertragenen Kompetenz bedacht und bestimmt zu haben."[98] Die Regierung dürfe nicht, gestützt auf unbestimmte Ermäch-

---

[95] *Jacobi*, E., Rechtsverordnungen, HDStR II, S. 239.
[96] *Jacobi*, E., Rechtsverordnungen, HDStR II, S. 239.
[97] *v. Mangoldt*, H., Das Bonner Grundgesetz, 1953, S. 225, 432.
[98] BVerfGE 1, 14 (60); vgl. auch BVerwGE 4, 24 (46); *Stern*, K., Staatsrecht, Bd. 1, S. 641.

tigungen zum Erlaß von Rechtsverordnungen, an die Stelle des Parlaments treten.

Die allgemeine Übereinstimmung über die Notwendigkeit einer Beschränkung der Verordnungsermächtigungen konnte nicht verhindern, daß der mit der „Inhalt, Zweck und Ausmaß"-Formel vorgegebene Umfang dieser Beschränkung sogleich zu Kontroversen führte.[99] Ein Teil der Staatsrechtslehre interpretierte Art. 80 GG als eine lediglich formale Vorschrift. Sie verlangte zwar, daß Inhalt, Zweck und Ausmaß der erteilten Ermächtigung bezeichnet wurden, der Verfassungsgesetzgeber hatte es jedoch versäumt, der Delegationsfreiheit gegenständliche Grenzen zu ziehen. Nach dem Wortlaut des Art. 80 Abs. 1 GG überließ es die Verfassung dem Gesetzgeber, das jeweils durch Verordnung zu regelnde Rechtsgebiet nach seinem Gutdünken zu bestimmen und abzugrenzen.[100] Da Art. 80 Abs. 1 GG demnach zwar Blankovollmachten, nicht aber den Erlaß gesetzesvertretender Verordnungen verhinderte, war es fraglich, ob er der Absicht des Verfassungsgesetzgebers gerecht wurde, eine Verordnungspraxis im Umfang der Weimarer Republik oder gar des Dritten Reiches zu verhindern. Dieses Ziel ließ sich nur erreichen, wenn man Art. 80 Abs. 1 GG und die Delegationsfreiheit des Gesetzgebers dem in Art. 1 Abs. 3, 20 und 28 GG verankerten Rechtsstaatsprinzip unterordnete, das ein „vereinfachtes Gesetzgebungsverfahren" und damit gesetzesvertretende und gesetzesändernde Verordnungen ausschloß. Der Erlaß von „Ergänzungsverordnungen" wurde zwar als staatspolitische Notwendigkeit, aber nur für „gewisse klar und eindeutig umgrenzbare und umgrenzte Sachbereiche" anerkannt; sie waren unzulässig, wenn die Ermächtigung die Regelung eines bislang überhaupt nicht oder nur weitmaschig geregelten Sachgebietes delegierte, so daß die Bestimmungen praktisch jeden Inhalt annehmen konnten.[101]

Als durchsetzungsfähigste Auffassung in dieser Kontroverse erwies sich die nicht nur mit professoraler, sondern zudem mit bundesverfassungsrichterlicher Autorität versehene Meinung von Bernhard Wolff. In unmittelbarer Anknüpfung an ein von Triepel auf dem Juristentag von 1921 vorge-

---

[99] Vgl. *Fleiner*, Th., Die Delegation als Problem des Verfassungs- und Verwaltungsrechts. Ein rechtsvergleichender Beitrag zur Rechtsprechung auf dem Gebiet der Gewaltentrennung, 1972, S. 10.

[100] *Schack*, F., Die Verlagerung der Gesetzgebung im gewaltenteilenden Staat, in: Festschrift für Karl Haff, 1950, S. 344; *Klein*, F., Die Übertragung rechtsetzender Gewalt im Rechtsstaat, hrsgg. vom Institut zur Förderung öffentlicher Angelegenheiten, 1952, S. 48 ff.

[101] *Klein*, F., Übertragung, S. 64, 65; im Unterschied zu Klein hielt *Schack*, F., Ergänzungsverordnungen für schlechthin zulässig, vgl. Verlagerung, S. 348.

### 5. Art. 80 Abs. 1 S. 2 GG und seine Interpretation

tragenes Beispiel räumte Wolff ein, daß bei einer rein wörtlichen Auslegung des Art. 80 Abs. 1 GG die Bundesregierung zur Regelung des Scheidungsrechts ermächtigt werden könnte. Die Abwegigkeit dieses Ergebnisses mache jedoch deutlich, daß unter dem „Inhalt" der Ermächtigung nicht das von der Verordnung zu regelnde Rechts- oder Sachgebiet, sondern der Inhalt der zu treffenden Regelung selbst zu verstehen sei. Aus dem gleichen Grunde könne es nicht um den „Zweck der Ermächtigung" gehen, sondern um den Zweck, den der Ermächtigungsadressat im Auge zu behalten habe, „das Programm, das staatspolitische, rechtspolitische, sozialpolitische Ziel, das der Verordnungsgeber erreichen soll, das was im Englischen mit den schwer übersetzbaren Ausdrücken *policy* oder *standards* gemeint ist."[102]

Wenn demnach feststand, daß Art. 80 Abs. 1 GG keine Ermächtigung zur selbständigen Gestaltung ganzer Rechtsgebiete, sondern lediglich zur Regelung bestimmter Fragen erlaubte, ergab sich als Voraussetzung einer verfassungsrechtlich zulässigen Ermächtigung, „daß das Gesetz selbst schon etwas bedacht, etwas gewollt haben muß."[103] Der Gesetzgeber mußte entscheiden, daß bestimmte Fragen geregelt werden sollten, er mußte die Grenzen bestimmen, innerhalb derer sich die Regelung zu bewegen hatte und er mußte das Ziel der Regelung benennen[104] – Formulierungen, die von nun an zum Standardrepertoire des BVerfG gehörten.[105]

#### b) Die Interpretation von Inhalt, Zweck und Ausmaß durch das BVerfG

Die vom BVerfG vorgenommene Interpretation der Klausel des Art. 80 Abs. 1 GG und die dabei auftretenden Akzentverschiebungen sind von der Literatur mit den Begriffen „Vorhersehbarkeitsformel", „Selbstentscheidungs-" und „Programmformel" erfaßt worden.[106] Der älteste[107] dieser

---

[102] *Wolff*, B., Die Ermächtigung zum Erlaß von Rechtsverordnungen nach dem Grundgesetz, AöR 78 (1952/53), S. 194ff, S. 197; vgl. dazu unten, S. 42ff.; die Verwendung dieser Begriffe läßt die Vermutung zu, daß B. Wolff die Einflußnahme der amerikanischen Militärregierung auf die Entstehung der Formel bekannt war.
[103] *Wolff*, B., Ermächtigung, AöR 78 (1952/53) S. 198.
[104] *Wolff*, B., Ermächtigung, AöR 78 (1952/53) S. 198; vgl. dazu auch BVerwGE 4, 24, (50/51) konkret zum Preisgesetz.
[105] Vgl. BVerfGE 2, 307 (334); 7, 304; 19, 362; aber auch BVerwGE 4, 24 (50/51).
[106] *Bryde*, B.-O., Art. 80 Rdn. 20 in *v. Münch*, I., Grundgesetz-Kommentar, Bd. 3, 2. Aufl., 1983; vgl. BVerfGE 19, 354 ff.; *Klein*, H. H., Zur Revision, DÖV 1975, S. 523 f.; *Richter*, J., – *Schuppert*, F., Casebook Verfassungsrecht, 1987, S. 507; vgl. auch *Meder*, Th., Bayer. Verfassung, Art. 55, Rdz. 12.
[107] BVerfGE 1, 14 (60).

Interpretationsversuche, die Vorhersehbarkeitsformel, betrachtete die dem Gesetzgeber aufgetragenen Pflichten aus der Perspektive des betroffenen Bürgers: Für ihn müsse vorhersehbar sein, in welchen Fällen und mit welcher Tendenz von der Ermächtigung Gebrauch gemacht werden könne und welchen Inhalt die zu erlassenden Rechtsverordnungen haben könnten.[108] Nach der Selbstentscheidungsformel muß der Gesetzgeber selbst entscheiden, welche Fragen durch Verordnung geregelt werden sollen (Inhalt), welchem Ziel die Regelung dienen soll (Zweck) und wo ihre Grenzen liegen (Ausmaß),[109] während sich bei der Programmformel aus dem Gesetz selbst ergeben muß, welches Programm durch die Verordnung verwirklicht werden soll.[110] Die beiden letzten Formeln haben weniger den Bürger, als das Verhältnis zwischen Legislative und Exekutive zum Gegenstand.

Erst nach dem Ausscheiden Wolffs aus dem BVerfG, Mitte der 50er Jahre,[111] wurde der Formel eine zusätzliche Interpretation abgewonnen, die bereits Gegenstand divergierender Meinungen auf dem Bamberger Juristentag war. Es handelte sich um die Frage, welcher Anteil der jeweiligen Materie vom Gesetzgeber selbst abschließend zu regeln war und was der Verordnung überlassen werden konnte. Bernhard Wolff hatte die Auffassung vertreten, Art. 80 Abs. 1 erlaube auch Gesetze, die lediglich aus Ermächtigungen bestanden, solange diese Ermächtigungen hinreichend bestimmt waren.[112] Nicht der Anteil der gesetzlichen Regelung der jeweiligen Materie war ausschlaggebend, sondern nur, daß der Ermächtigungsadressat vom Gesetzgeber in vorgegebenen Schranken gehalten wurde. Unter diesen Voraussetzungen sollten nicht nur gesetzesergänzende, sondern auch gesetzesändernde Rechtsverordnungen mit der Verfassung vereinbar sein.[113] Das BVerfG entschied sich 1958 gegen diese Auffassung: Die Verantwortung der Legislative für den Inhalt der Rechtsordnung erschöpfe sich nicht in der hinreichenden Konkretisierung einer Ermächtigung. Art. 80 GG solle den Gesetzgeber vielmehr zwingen, „die für die Ordnung eines Lebensbereichs entscheidenden Vorschriften" selbst zu setzen.[114] Damit entschied das BVerfG nicht nur die historische Meinungsver-

---

[108] BVerfGE 1, 14 (60); BVerfGE 19, 354 ff.
[109] BVerfGE 2, 334; 5, 76 f.; 282 f.; vgl. *Fleiner*, Th., Die Delegation als Problem des Verfassungs- und Verwaltungsrechts. Ein rechtsvergleichender Beitrag zur Rechtsprechung auf dem Gebiet der Gewaltentrennung, 1972, S. 8.
[110] BVerfGE 5, 77; 8, 307; 19, 362.
[111] B. *Wolff*, gehörte dem BVerfG von 1951 bis 1956 an.
[112] *Wolff*, B., Ermächtigung, S. 200 f.
[113] *Wolff*, B., Ermächtigung, S. 203, 206 f.; vgl. auch BVerwGE 4, 24 (50).

schiedenheit zwischen Heinrich Triepel und Fritz Poetzsch[115] – wobei diesmal, im Unterschied zu Bamberg, die Auffassung des Letzteren siegte – es brachte auch zum erstenmal die „Wesentlichkeitstheorie" ins Spiel.[116] Im Mittelpunkt einer Beschränkung der Delegationsfreiheit stand jetzt nicht mehr ihr quantitativ-gegenständlicher, dem Verordnungsgeber auch Teilgebiete der jeweiligen Regelungsmaterie überlassender Umfang, sondern der Versuch, formelles Gesetz und Verordnung durch materielle Kriterien gegeneinander abzugrenzen. Ihre eigentliche Rolle begann die „Wesentlichkeitstheorie" jedoch erst 15 Jahre später, Anfang der 70er Jahre zu spielen.[117] Seither vertritt das BVerfG die Auffassung, nur das Parlament besitze die demokratische Legitimation zur politischen Leitentscheidung.[118] Dies hat zur Folge, daß zunächst zu prüfen ist, ob die fragliche Entscheidung überhaupt dem Verordnungsgeber überlassen werden darf oder vom Parlament selbst getroffen werden muß.[119] Erst dann stellt sich die weitere Frage, welche Bestimmtheitsanforderungen an die Ermächtigung zu stellen sind. Diese muß zwar nicht so genau wie nur möglich, sondern nur hinreichend bestimmt sein, die Anforderungen an die Bestimmtheit sind jedoch – als notwendige Ergänzung und Konkretisierung des Vorbehalts des Gesetzes – umso höher, je intensiver in die Rechtsstellung des Betroffenen eingegriffen wird.[120]

Die Wesentlichkeitstheorie hat die Probleme der Verordnungsermächtigung weiter kompliziert. Die sybillinische Formulierung, ob eine Maß-

---

[114] BVerfGE 7, 282 (301); in späteren Entscheidungen heißt es jeweils, „daß jede Ordnung eines Lebensbereichs durch Sätze objektiven Rechts auf eine Willensentschließung der vom Volke bestellten Gesetzgebungsorgane muß zurückgeführt werden können"; vgl. BVerfGE 33, 125 (159).
[115] Vgl. Poetzsch, F., Bericht, S. 39: „Die Auffassung, daß die Aufgabe des Gesetzes die Aufstellung von Grundsätzen und allgemeinen Regeln, die Aufgabe der Verordnung die Bildung bestimmterer Rechtssätze sei, ist dagegen nur bis zu einem gewissen Grade richtig. Denn es muß auch die Aufgabe und das Ziel der Gesetzgebung sein, jedes Lebensverhältnis so bestimmt als nur möglich zu regeln ... Aber an jener Auffassung ist zutreffend, daß hierdurch die grundsätzliche Regelung dem Verordnungswege immer entzogen ist." – S. 57: „Unzulässig im einfachen Gesetz sind ... diejenigen Ermächtigungen, die zwar auf ein bestimmtes Lebensverhältnis abgestellt sind, dieses aber unter Ausschaltung jeder formellgesetzlichen Regelung lediglich dem Verordnungsrecht vorbehalten wollen (selbständiges Verordnungsrecht aufgrund einfachen Gesetzes)".
[116] BVerfGE 7, 282 (302); vgl. auch den Leitsatz, a.a.O., S. 282.
[117] BVerfGE 33, 157 f.
[118] BVerfGE 34, 60 f.
[119] Vgl. BVerfGE 34, 165 (192 f.); 40, 237 (249); 41, 251 (260); 45, 400 (417 f.); 47, 46 (78 ff.); 48, 210 (221).
[120] BVerfGE 58, 257 (277, 278).

nahme wesentlich sei, „und damit dem Parlament selbst vorbehalten bleiben muß oder zumindest nur aufgrund einer inhaltlich bestimmten Ermächtigung ergehen darf,"[121] läßt die Vermutung zu, daß „wesentliche" Entscheidungen doch wieder delegationsfähig sein sollen. Eine weitere Konsequenz der „Wesentlichkeits"-Rechtsprechung ergibt sich für die auch vom BVerfG für zulässig gehaltenen „gesetzesändernden" Rechtsverordnungen, die zumindest insoweit verfassungswidrig wären, als sie auch die Änderung „wesentlicher" Entscheidungen zum delegierten Inhalt hätten. Diese Konsequenz gibt Anlaß, die Bestimmung des Art. 80 Abs. 1 GG, die nachkonstitutionelle Ermächtigungen steuern soll, zunächst einmal unter dem Blickwinkel des Art. 129 Abs. 3 GG zu betrachten, der die Anwendbarkeit vorkonstitutioneller Ermächtigungen unter dem rechtsstaatlichen Regime des GG zum Gegenstand hat und gesetzesändernde wie gesetzesergänzende Verordnungen ausdrücklich verbietet.

### c) Art. 80 Abs. 1 und Art. 129 Abs. 3 GG

Vom Inkrafttreten des Grundgesetzes an spielte die Frage eine ausschlaggebende Rolle, ob Art. 80 möglicherweise mit Hilfe des Art. 129 Abs. 3 GG interpretiert und konkretisiert werden könnte. Art. 129 Abs. 3 GG regelt die Weitergeltung reichsrechtlicher Ermächtigungen. Von ihnen kann auch nach Inkrafttreten des GG Gebrauch gemacht werden, sofern sie nicht zur Änderung oder Ergänzung von Gesetzen oder zum Erlaß von Rechtsvorschriften an Stelle von Gesetzen ermächtigen.

Im Ergebnis wurde ein Zusammenhang zwischen den beiden Ermächtigungsvorschriften sowohl von der Staatsrechtslehre[122] wie von der Rechtsprechung mit der Begründung abgelehnt, Art. 129 Abs. 3 könne als Interpretationshilfe für Art. 80 GG völlig konträre Ergebnisse rechtfertigen: kam beiden Vorschriften eine einheitliche Bedeutung zu, schloß dies Ermächtigungen zum Erlaß gesetzesändernder oder gesetzesergänzender Rechtsverordnungen für die Zukunft aus. Genauso gut konnte aus der vergleichenden Gegenüberstellung aber auch im Gegenschluß gefolgert werden, daß gesetzesergänzende Verordnungen nach Art. 80 GG zulässig waren, da sie dort – im Gegensatz zu Art. 129 Abs. 3 GG – nicht erwähnt wurden.[123]

---

[121] BVerfGE 47, 46 (79).
[122] *Schack*, F., Verlagerung, S. 345; *Klein*, F., Übertragung, S. 63.
[123] *Klein*, F., Übertragung, S. 63.

### 5. Art. 80 Abs. 1 S. 2 GG und seine Interpretation

Umgekehrt wurde Art. 129 Abs. 3 GG aber auch als die großzügigere Vorschrift angesehen; das praktische Bedürfnis, alte Ermächtigungen nach Möglichkeit aufrechtzuerhalten, habe diese Sonderregelung erzwungen, weil die wenigsten der reichsrechtlichen Ermächtigungen den Anforderungen des Art. 80 Abs. 1 GG genügt hätten und die dadurch entstehenden Lücken zu einer „mühseligen Gesetzesflickerei" geführt hätten. Soweit reichsrechtliche Ermächtigungen ausnahmsweise den Ansprüchen des Art. 80 Abs. 1 GG genügten, blieben sie ungeachtet der in Art. 129 Abs. 3 aufgezählten Kriterien in Kraft, da sie unter diesen Voraussetzungen „in Wahrheit weder zur Ergänzung oder Änderung von Gesetzen noch zum Erlaß von Rechtsverordnungen an Stelle von Gesetzen ermächtigten."[124] Als Sonderregelung waren aus Art. 129 Abs. 3 GG aber keine Aufschlüsse für eine Auslegung des Art. 80 Abs. 1 GG zu gewinnen.[125]

Auch das BVerfG mißt beiden Vorschriften eine jeweils eigenständige Bedeutung zu. Art. 80 Abs. 1 GG regle die Erteilung nachkonstitutioneller Ermächtigungen, Art. 129 GG sei dagegen eine Sondervorschrift für die Weitergeltung vorkonstitutionellen Rechts und entspreche dem Bedürfnis einer möglichst eindeutigen Bestimmung derjenigen Ermächtigungen, die erloschen seien. Dies habe am besten durch die Anknüpfung an formale Kriterien – nämlich an die von Erwin Jacobi im Handbuch des Deutschen Staatsrechts vorgenommene Einteilung – erfolgen können.[126] Die Fortgeltung reichsrechtlicher Ermächtigungen richte sich daher nicht nach den Voraussetzungen des Art. 80 Abs. 1 S. 2, sondern ausschließlich nach der Sonderregelung des Art. 129 Abs. 3 GG. Für eine Interpretation der jeweils anderen seien aus den beiden Vorschriften keine Schlüsse zu ziehen. Wenn dies in der Absicht des Parlamentarischen Rates gelegen hätte, wäre nichts naheliegender gewesen, als dies ausdrücklich zu bestimmen.[127]

Mit der eigenständigen Interpretation von Art. 80 Abs. 1 und Art. 129 Abs. 3 GG ging ein Zusammenhang verloren, der den kommentierenden Ausführungen Holtkottens[128] zufolge dem Parlamentarischen Rat noch geläufig war. Danach sollte für Ermächtigungen alten Rechts gerade kein

---
[124] *Wolff*, B., Ermächtigung, S. 210 f.; vgl. dazu auch BGHZ 42, 235 (240).
[125] *Wolff*, B., Ermächtigung, S. 210.
[126] BVerfGE 2, 307 (330); vgl. *Leibholz/Rinck,* Grundgesetz, 4. Aufl. 1971, Art. 129 Anm. 3.
[127] BVerfGE 2, 307 (327, 328).
[128] *Holtkotten*, H., Bonner Kommentar, Art. 129 Anm. II, C 1, D 1; vgl. dazu auch BVerfGE 2, 307 (330), wonach Holtkotten bei der Abfassung des schriftlichen Berichts über die Übergangs- und Schlußbestimmungen des Grundgesetzentwurfs mitgewirkt hat. Holtkotten war Sachverständiger des Allgemeinen Redaktionsausschusses (ARA).

Sondermaßstab geschaffen werden, vielmehr sollten auch dafür die Voraussetzungen des Art. 80 Abs. 1 S. 2 GG ausschlaggebend sein. Art. 129 Abs. 3 GG stellte nach dieser Version lediglich ausdrücklich und um Zweifel zu vermeiden klar,[129] daß gesetzesvertretende, gesetzesändernde und gesetzesergänzende Ermächtigungen den Anforderungen des Art. 80 Abs. 1 nicht gerecht wurden und deshalb unter der Geltung rechtsstaatlicher Maßstäbe als erloschen zu betrachten waren. Um gesetzesändernde Ermächtigungen handelte es sich dort, wo die vollziehende Gewalt ermächtigt war, das betreffende Gesetz selbst zu ändern; eine Ermächtigung zur Ergänzung lag dann vor, wenn der Ermächtigte zur selbständigen Regelung neuer, vom Gesetz selbst nicht erfaßter Materien berechtigt war, diesem also eigenständige Rechtsgedanken hinzufügen konnte. Das Verbot gesetzesvertretender Verordnungen schließlich betraf die eigentlichen Ermächtigungsgesetze, also den Erlaß von Rechtsverordnungen, die im Wege der „vereinfachten Gesetzgebung" allgemein an die Stelle von Gesetzen treten sollten.[130] Ermächtigungen dieser Tragweite tasteten den Wesensgehalt der Gewaltenteilung an und waren daher unter der Geltung des GG ausgeschlossen.

Diese Überzeugung wurde nicht erst in den Verhandlungen des Parlamentarischen Rates gewonnen. Sie geht auf die Auffassung der Militärregierung der amerikanischen Zone zurück, die im Jahre 1947 die Weisung erteilt hatte, die Weitergeltung der reichsrechtlichen Ermächtigungen unter den neuen rechtsstaatlichen Verfassungsverhältnissen gesetzlich zu regeln.

---

[129] Vgl. *Holtkotten,* Bonner Kommentar, Art. 129, Anm. II D; *Hamann,* Das Grundgesetz, 2. Aufl., 1961, Art. 80 Anm. B 1 sowie Art. 129 Anm. B 10.

[130] *Holtkotten,* BK, Art. 129, Anm. II D 2; *Hamann,* Das Grundgesetz, Art. 129 Anm. B 10; vgl. dazu auch BGHZ 42, 235 (240).

## 6. Die Einflußnahme der amerikanischen Militärregierung auf das deutsche Verordnungsrecht und die Entstehung der „Inhalt, Zweck und Ausmaß"-Formel

### a) Das Verordnungsrecht in den Landesverfassungen

Die Grenzziehung zwischen Gesetz und Verordnung in den nach dem 2. Weltkrieg erlassenen Landesverfassungen ist deutlich als Reaktion auf die Weimarer Staatspraxis und die nationalsozialistische Ära erkennbar. Die Verfassungen von Württemberg-Baden,[131] Württemberg-Hohenzollern[132] und Rheinland-Pfalz[133] beschränkten das Verordnungsrecht von vorneherein auf reine Ausführungsverordnungen. In der Hessischen Verfassung wurde sichergestellt, daß der Regierung durch Gesetz zwar „die Befugnis zum Erlaß von Verordnungen über bestimmte einzelne Gegenstände, aber nicht die Gesetzgebungsgewalt im ganzen oder für Teilbereiche übertragen werden" konnte.[134] Die Absicht, Ermächtigungsgesetze und Ergänzungsverordnungen auszuschließen ist hier ebenso unverkennbar, wie die Anlehnung an die Formulierungen auf dem Bamberger Juristentag.[135]

Die Bayerische Verfassung vom 2. Dezember 1946 räumte der Staatsregierung die Ermächtigung zum Erlaß von Ausführungsverordnungen bereits von Verfassungswegen ein. Im Unterschied zu den anderen süddeutschen Verfassungen erlaubte die Bayerische Landesverfassung jedoch auch Rechtsverordnungen, die über den Rahmen einer bloßen Ausführungsverordnung hinausgingen, sofern eine besondere gesetzliche Ermächtigung hierfür vorlag.[136] Die ansonsten völlig unbeschränkte Delegationsfreiheit des bayerischen Landtags erhielt einen besonderen Akzent durch

---

[131] Art. 86 der Verfassung vom 28. 11. 1946.
[132] Art. 73 der Verfassung vom 20. 5. 1947.
[133] Art. 110 der Verfassung vom 18. 5. 1947.
[134] Art. 118 der Verfassung des Landes Hessen vom 11. 12. 1946; vgl. dazu BVerfGE 34, 55.
[135] Vgl. *Triepel*, Bericht, S. 54 f.
[136] Art. 55 Nr. 2 lautet: „Der Staatsregierung obliegt der Vollzug der Gesetze und Beschlüsse des Landtags. Zu diesem Zweck können die erforderlichen Ausführungs- und Verwaltungsverordnungen von ihr erlassen werden. Rechtsverordnungen, die über den Rahmen einer Ausführungsverordnung hinausgehen, bedürfen besonderer gesetzlicher Ermächtigung".

das in Art. 70 Abs. 3 BV enthaltene Verbot, das es dem Landtag untersagt, sein Gesetzgebungsrecht zu übertragen – sogar auf seine eigenen Ausschüsse.[137] Der zwischen der Ermächtigungsvorschrift des Art. 55 Nr. 2 S. 3 und dem Delegationsverbot des Art. 70 Abs. 3 bestehende Widerspruch war bei der Beratung der Verfassung übersehen worden[138] und bedurfte nun einer nachträglichen „harmonisierenden"[139] Auslegung der Delegationsfreiheit.

Die Lösung wurde in dem Kompromiß gefunden, die Staatsregierung dürfe auch dort, wo sie zu Rechtsverordnungen über den Rahmen bloßer Ausführungsverordnungen hinaus ermächtigt war, die gesetzlichen Regelungen nur ergänzen. Unzulässig waren Ermächtigungsgesetze, die der Staatsregierung die Ordnung ganzer Rechtsmaterien überließen – dies ergab sich bereits aus Art. 70 Abs. 3 BV – aber auch sog. „primäre Rechtsverordnungen", wie sie in einer Anleihe an die Begriffsbildung im eidgenössischen Staatsrecht[140] bezeichnet wurden. Gemeint waren Rechtsverordnungen, die einen sachlich selbständigen, nicht schon vom Gesetz vorgesehenen Inhalt aufwiesen und daher nicht auf den Willen des Gesetzgebers zurückgeführt werden konnten.[141]

---

[137] Art. 70 Abs. 3 BV: „Das Recht der Gesetzgebung kann vom Landtag nicht übertragen werden, auch nicht auf seine Ausschüsse".

[138] *Nawiasky,* H., 39. Sitzung des Rechts- und Verfassungsausschusses, S. 57 f.; vgl. dazu auch die von Nawiasky in der Weimarer Zeit vertretene Auffassung, Bayerisches Verfassungsrecht, S. 434 f.

[139] *Nawiasky,* H., 39. Sitzung des Rechts- und Verfassungsausschusses, S. 58; vgl. *Nawiasky,* H., – *Leusser,* C., Die Verfassung des Freistaates Bayern, 1948, S. 44.

[140] Vgl. *Giacometti,* Z., Schweizerisches Bundesstaatsrecht (Neubearbeitet v. Fleiner, F.). Unveränderter Nachdruck 1978 der Neubearbeitung v. 1949, S. 803 f.: „Infolgedessen darf die Vollziehungsverordnung keine primären Rechtssätze enthalten, d. h. keinen Gegenstand ordnen, der seine Regelung nicht schon irgendwie durch Bundesgesetz oder Bundesschluß erfahren hat. Denn die primäre Rechtsetzung ist dem Bundesgesetz ... vorbehalten. Gegenstand einer Vollziehungsverordnung darf nur die sekundäre Rechtsetzung, das ist die nähere Regelung einer bereits durch Gesetz oder Beschluß grundsätzlich geordneten Materie, nicht aber die ausschließliche Normierung eines Sachgebietes bilden. Die Vollziehungsverordnung hat somit die Gedanken des Gesetzgebers durch Aufstellen von Detailvorschriften näher auszuführen und zu entwickeln ... Hingegen darf die Vollziehungsverordnung nicht neue Rechtsgedanken aufstellen und sich weder contra noch praeter legem bewegen".

[141] *Nawiasky,* H. – *Leusser,* C., Verfassung, S. 44; ähnlich *Hoegner,* W., Lehrbuch des Bayerischen Verordnungsrechts, 1949, S. 64: die Vorschrift über die Rechtsverordnungen stehe im Zusammenhang mit dem Vollzug der Gesetze und Beschlüsse des Landtages; infolgedessen seien nur solche Rechtsverordnungen zulässig, „durch die ein in dem zugrundeliegenden Gesetz bereits näher behandelter Gegenstand auf Grund einer ausdrücklichen gesetzlichen Ermächtigung noch im

## 6. Die Einflußnahme der amerikanischen Militärregierung

Der Bayerische Verfassungsgerichtshof schloß sich dieser Auffassung mit der Begründung an, die gesetzgebende Gewalt stehe ausschließlich dem Volk und dem Landtag zu. Der bayerische Verfassungsgesetzgeber habe sich 1946 bewußt gegen die Delegationsfreiheit der Bamberger Verfassung entschieden, die die Übertragung des Gesetzgebungsrechts auf die Exekutive in keiner Weise beschränkt habe. Nach Art. 70 Abs. 3 BV könne der Landtag sein Gesetzgebungsrecht grundsätzlich nicht übertragen. Die in Art. 55 Nr. 2 BV vorgesehene, über den Rahmen einer Ausführungsverordnung hinausgehende Ermächtigung sei mit diesem prinzipiellen Verbot nur unter der Voraussetzung vereinbar, „daß die der Staatsregierung vorbehaltenen Rechtsverordnungen nicht selbständig eine ganze Materie, sondern nur im Rahmen der vom Parlament selbst erlassenen Richtlinien untergeordnete Fragen durch Rechtsetzung regeln dürfen."[142] Aus dem Grundsatz der Rechtsstaatlichkeit ergebe sich, daß Rechtsverordnungen „d.h. Verordnungen, die zwar zur Ausführung der Gesetze dienen, aber selbständig neue Rechtsetzungen mit verbindlicher Kraft für alle enthalten", nur innerhalb der durch das ermächtigende Gesetz gezogenen Schranken und im Verfolg seiner Zielsetzungen zu seiner Ergänzung beitragen durften. Eine ähnliche, der verfassungsmäßigen Gewaltenteilung entsprechende Einschränkung der Delegationsfreiheit enthalte auch Art. 80 GG sowie das bayerische Gesetz Nr. 122 vom 8. Mai 1948.[143] Dessen § 2 bestimmt, daß von einer reichsrechtlichen Ermächtigung kein Gebrauch gemacht werden darf, „wenn Inhalt, Zweck und Ausmaß der damit erteilten Verordnungsgewalt" durch den Gesetzgeber selbst nicht hinreichend genau festgelegt und begrenzt sind. Die Formel, die 1949 Eingang in Art. 80 Abs. 1 GG fand, taucht zum erstenmal in Akten der Bayerischen Staatskanzlei aus dem Jahr 1948 auf. Diese Akten gehören zu dem eben erwähnten Gesetz, das auf Veranlassung der amerikanischen Militärregierung erlassen wurde.

---

einzelnen näher geregelt, also das bereits vorhandene Gesetz noch ergänzt werden soll. Keineswegs aber erscheint es angängig, durch ein Ermächtigungsgesetz der Staatsregierung ganz allgemein irgendwelche Gegenstände zur Regelung durch Rechtsverordnung zu überlassen".
[142] BayVerfGH, GVBl. 1950, 95 (103) unter Berufung auf Nawiasky-Leusser; vgl. auch BayVerfGH, BayVBl. 1963, S. 83 f. sowie Nawiasky-Leusser-Zacher, Die Verfassung des Freistaates Bayern, 2. Aufl., Art. 55, Rdz. 6; Rechtsverordnungen, die „neue Rechte oder Verpflichtungen schaffen", setzen voraus, „daß die vom Gesetzgeber erteilte Ermächtigung in klarer Weise auf die Regelung einzelner genau umschriebener Fragen im Rahmen der vom Parlament selbst hierfür erlassenen Vorschriften eingeschränkt wird".
[143] GVBl. 1948, 82.

6. Die Einflußnahme der amerikanischen Militärregierung

### b) Die Direktive der amerikanischen Militärregierung zum Gesetz Nr. 122 über den Erlaß von Rechtsverordnungen auf Grund vormaligen Reichsrechts

OMGUS,[144] das Amt der amerikanischen Militärregierung, hatte am 26. Dezember 1945 „zur Stärkung der deutschen Zivilverwaltung in der US-Zone"[145] Staatsregierungen eingerichtet und sie mit gesetzgebender, vollziehender und richterlicher Gewalt betraut. Sie sollten alle Vollmachten ausüben, „die früher vom Staat und dazu die Vollmachten, die früher von der Reichsregierung innerhalb des Staates ausgeübt wurden." Gegenstandslos wurde dieses Schreiben erst mit dem Inkrafttreten der sog. November- und Dezember-Verfassungen im Winter 1946.[146]

Obwohl in den Ländern der amerikanischen Zone seit diesem Zeitpunkt wieder Verfassungsrecht galt, vertrat OMGUS die Auffassung, die neuen Verfassungen könnten nur die Durchführung der nachkonstitutionellen Landesgesetze und den Erlaß künftiger Verordnungsermächtigungen regeln, nicht aber die Ausführung ehemaligen Reichsrechts und damit die Frage, ob und inwieweit von reichsgesetzlichen Ermächtigungen zum Erlaß von Rechtsverordnungen überhaupt noch Gebrauch gemacht werden durfte.[147] Die Militärregierung war zudem skeptisch gegenüber der deutschen Auffassung, die den Reichsministern erteilten Ermächtigungen seien ohne weiteres auf die Landesregierungen übergegangen.[148] Nachdem

---

[144] Office of the Military Governor of the U.S.

[145] Bayerische Staatskanzlei G 67/47, Bl. 9; Bayerisches Staatsministerium der Justiz 1031 – I 28164; vgl. Landtags-Archiv, Beilage 1113, Sitzungsprotokoll des Rechts- und Verfassungsausschusses, S. 6; *Hoegner, W.,* Lehrbuch, S. 18. Für die unbürokratische Einsichtgewährung in die Gesetzgebungsunterlagen zum Gesetz Nr. 122 danke ich der Bayerischen Staatskanzlei, dem Bayerischen Staatsministerium der Justiz sowie den Archiven des Bayerischen Landtages und des Bayerischen Senats.

[146] Verfassung von Württemberg-Baden vom 28.11.1946; Verfassung des Freistaates Bayern vom 2.12.1946; Verfassung des Landes Hessen vom 11.12.1946.

[147] Vgl. dazu auch *Benkendorff, G.,* Fortgeltung der gesetzlichen Ermächtigungen i. S. des Art. 129 Abs. 3 GG nach dem Zusammenbruch bis zum Inkrafttreten des GG, DÖV 1952, S. 451 ff.

[148] Ein von Friedrich Giese im Auftrag des nordrhein-westfälischen Innenministeriums erstattetes Gutachten „Über die Zuständigkeit der Ministerien der neuen Deutschen Länder zum Erlaß von Verordnungen" bejahte diese Frage; vgl. Staatskanzlei G 67/47 – Schreiben des nordrhein-westfälischen Innenministers Vogels an die Bayerische Staatsregierung. Das Problem war bereits im Mai 1946 vom Bayerischen Staatsminister für Wirtschaft, Ludwig Erhard, in einem Schreiben an das Bayerische Staatsministerium der Justiz aufgeworfen worden. Erhard vertrat die Auffassung, daß „die Befugnisse der Reichsminister von den entsprechenden Ministern der Staaten der amerikanischen Zone in analoger und folgerichtiger Rechtsan-

## 6. Die Einflußnahme der amerikanischen Militärregierung

sich der Länderrat im Juni 1947 gegen eine einheitliche Regelung auf Zonenebene ausgesprochen hatte,[149] drang die Militärregierung auf eine gesetzliche Regelung auf Landesebene, um die Ausführung der Reichsgesetze auf eine rechtlich einwandfreie Basis zu stellen. Auf der Grundlage einer von der Militärregierung erlassenen Direktive – „Authority of Land Governments to Issue executive Ordinances under former Reichs Law" – sollte geregelt werden, wer, gegebenenfalls unter einem Prüfungsvorbehalt des Landtags,[150] als Adressat reichsrechtlicher Ermächtigungen in Betracht kam und von welchen „altrechtlichen" Ermächtigungen künftig überhaupt noch Gebrauch gemacht werden durfte.

Die OMGUS-Direktive unterschied zwischen „Ergänzungsverordnungen (Supplementing or Amending Ordinances)" und „Ausführungs- und Durchführungsverordnungen (Implementing Ordinances)". Um Ergänzungsverordnungen handelte es sich dort, wo die Exekutive zum Erlaß von Rechtsverordnungen ermächtigt war,

1. ohne daß ihr bestimmte, den Regelungsgegenstand beherrschende Richtlinien vorgegeben waren (specific rules which are to govern its subject-matter) sowie

2. dort, wo die im ermächtigenden Gesetz niedergelegten, von der Exekutive zu beachtenden Grundsätze und Maßstäbe (standards) so unbestimmt waren, daß es dem unbeschränkten Ermessen der Exekutive überlassen blieb, den fraglichen Gegenstand zu regeln und den eigentlichen Gesetzesinhalt durch Rechtsverordnung zu bestimmen.[151]

---

wendung in Anspruch genommen werden" könnten, empfahl aber, um „eine sichere Gewähr dafür zu schaffen, daß auf Grund reichsrechtlicher Ermächtigungen erlassene Rechtsnormen einer sich auf ihre Rechtmäßigkeit erstreckenden Nachprüfung standhalten ... eine gesetzliche Bestimmung darüber zu treffen." StMdJ 1031 – J – 27423.

[149] StMdJ 1031 – J – 27423; Schreiben des bayerischen Länderratsbevollmächtigten Roemer an das StMdJ vom 27. Juni 1947; Schreiben des hessischen Justizministers K. A. Zinn an das Generalsekretariat des Länderrats vom 9. September 1947.

[150] Die Verordnung sollte dem Landtag innerhalb einer Frist von 2 Wochen vorgelegt werden; äußerte er sich nicht, konnte die Verordnung nach Ablauf von zwei weiteren Wochen in Kraft treten. – Bayer. Staatskanzlei 67/47; Schreiben von OMGUS an den Direktor des Amts der Militärregierung für Bayern, Württemberg-Baden, Hessen und Bremen vom 31. Juli 1947.

[151] „Supplementing or Amending Ordinances (Ergänzungsverordnungen) are involved where the basic law without establishing specific rules which are to govern its subject-matter, leaves this task to the executive, or where the standard laid down by the law is so indefinite as to confer practically unlimited discretion upon the administrator to determine by way of ordinances, what the law shall be."

6. Die Einflußnahme der amerikanischen Militärregierung

Solche Ermächtigungen beruhten auf einer mit dem Gewaltenteilungsprinzip unverträglichen exzessiven Delegation der Gesetzgebungsgewalt und waren seit der Wiedereinführung der Gewaltenteilung durch die Länderverfassungen aufgehoben.

Unter verfassungsrechtlich zulässigen „Implementing Ordinances" verstand die Militärregierung Rechtsverordnungen, bei denen der ermächtigende Gesetzgeber die mit dem Gesetz verfolgten Ziele und Absichten („policy") und die Rechtsgrundsätze, die jeweils zur Anwendung kommen sollten, so genau und bestimmt festgelegt hatte, daß sie der Verwaltung vernünftige Maßstäbe an die Hand gaben, um Details im Verordnungswege zu regeln und die mit dem Gesetz verfolgten Zwecke zu verwirklichen. Solche, dem Gesetz untergeordnete und in seiner Konsequenz erlassene Ausführungs- und Durchführungsverordnungen waren mit dem verfassungsrechtlichen Verbot der exzessiven Delegation der gesetzgebenden Gewalt durchaus vereinbar.[152]

### c) Die Rechtsprechung des Supreme Court zur Delegation der Verordnungsgewalt

Dem Schreiben der Militärregierung lag ein Konzentrat der vom Supreme Court – insbesondere in den 30er und 40er Jahren – entwickelten Grundsätze zur Delegation der Verordnungsgewalt nach US-amerikanischem Recht zugrunde. Ihren Ausgangspunkt hat diese Rechtsprechung in einer Entscheidung des Supreme Court aus dem Jahre 1825,[153] in der Chief Justice Marshall die These aufgestellt hatte, der Kongreß könne zwar keine legislativen Befugnisse im eigentlichen und ausschließlichen Sinne – „powers strictly and exclusively legislative" – übertragen, wohl aber solche, bei denen es ihm freistand, ob er sie selbst wahrnehmen oder übertra-

---

[152] „Implementing Ordinances (Aus- und Durchführungsverordnungen) are involved, where the policy and the legal principles which are to control in given cases are laid down by the basic law which such definiteness as to provide reasonable standards for the executive to fill in details and to carry out the purposes of the law. Such implementing ordinances, if enacted under and in pursuance of the law, are not contrary to the constitutional prohibition against excessive delegation of legislative power ..." Bayer. Staatskanzlei G 67/47 – Office of the Military Governor, Berlin, 31. Juli 1947.
[153] Wayman v. Southard, zit. nach US v. Grimaud, 220 US 506, 483; vgl. dazu auch *Geck,* W., Die Übertragung rechtsetzender Gewalt in den Vereinigten Staaten von Amerika, in: Die Übertragung rechtsetzender Gewalt, 1952,, S. 231; *Pritchett,* C. H., The American Constitution, S. 153; *Ehmke,* H., Wirtschaft und Verfassung, 1961, S. 528 f.; *Fleiner,* Th., Die Delegation als Problem des Verfassungs- und Verwaltungsrechts, S. 25 f.

## 6. Die Einflußnahme der amerikanischen Militärregierung

gen wollte. Die Grenzlinie zwischen obligatorischer und fakultativer Gesetzgebung war nicht exakt zu ziehen. Wichtige Fragen jedenfalls waren ausschließlich vom Kongreß zu entscheiden, während bei weniger wichtigen allgemeine Vorschriften erlassen und im übrigen die Stellen ermächtigt werden konnten, „who are to act under such general provisions to fill up the details."[154]

Die in dieser Entscheidung gewonnenen Einsichten und Formeln bestimmten die Delegationsrechtsprechung des Supreme Court bis in die 20er Jahre dieses Jahrhunderts. Die eigentliche Unterscheidung, so hieß es, verlaufe zwischen der Delegation der gesetzgebenden Gewalt an sich, die notwendig die Entscheidung zum Inhalt habe, was Gesetz sein solle, und der bloßen Übertragung seiner Ausführung – wahrgenommen „under and in pursuance of the law."[155] Wenn der Kongreß seinen Willen im Gesetz zur Geltung gebracht hatte, konnte er die Regelung der Einzelheiten denjenigen Stellen anvertrauen, die nach Maßgabe solcher generellen Vorgaben zu handeln hatten.[156] Der Kongreß beauftragte lediglich einen Agenten mit der Ausführung seines Willens, nicht mit der gesetzgebenden Gewalt: „It was not the making of law."[157]

Von ausschlaggebender Bedeutung für die Delegationsrechtsprechung des Supreme Court wurden die Entscheidungen in den 30er und 40er Jahren. Das Gericht hatte in mehreren Entscheidungen zur Umsetzung des New Deal in den National Industrial Recovery Act[158] und zum Emergency

---

[154] „The line has not been exactly drawn which separates those important subjects which must be entirely regulated by the legislature itself, from those of less interest, in which a general provision may be made, and power given to those, who are to act under such general provisions to fill up the details." Vgl. dazu auch US v. Grimaud, 220 US 506, S. 483: „What where those nonlegislative powers which Congress *could* ... exercise, but which might also be delegated to others, was not determined ..."

[155] J. W. Hampton v. US, 351 – „The true distinction therefore, is between the delegation of power to make the law, which necessarily involves a discretion as to what it shall be, and conferring an authority or discretion as to its execution, to be exercised under and in pursuance of the law. The first cannot be done; to the latter no valid objection can be made".

[156] US v. Grimaud, 220 US 506, (1911), S. 483 – „But when Congress had legislated and indicated its will, it could give to those who where to act under such general provisions „power to fill up the details" by the establishment of administrative rules and regulations".

[157] Union Bridge v. US, 204 US 364 (1907); S. 372; Field v. Clark, 143 US 649 (1892). Vgl. dazu auch *Geck*, W., Übertragung, S. 234 f.; *Fleiner*, Th., Delegation, S. 32 f.

[158] Vgl. dazu insbesondere Panama Refining Co. v. Ryan, 293 U.S. 388 (1935) – „hot oil case" und Schechter Poultry Corp. v. US, 295 U.S. 495 (1935) – „sick chikken case".

Price Control Act[159] Gelegenheit, seine Auffassung über die Delegation der Gesetzgebung zu präzisieren.

Bereits zu Ende des vorigen Jahrhunderts hatte der Supreme Court die Feststellung getroffen, ein Delegationsrecht der Legislative zu leugnen bedeute „to stop the wheels of government."[160] In den Entscheidungen zum National Industrial Recovery Act wurde dieser Gedanke wieder aufgenommen und betont, die Verfassung habe dem Kongreß keineswegs die notwendige Flexibilität und Praktikabilität zur Erfüllung seiner legislativen Funktion vorenthalten wollen, nämlich „laying down policies and establishing standards, while leaving to select instrumentalities the making of subordinate rules within prescribed limits and the determination of facts to which the policy as declared by the Legislature is to apply."[161] Die Ausführung der von der Legislative festgelegten Absichten und Ziele entspreche der von Chief Justice Marshall gemeinten Aufgabe „to fill up the details under the general provisions made by the legislative."[162] In einigen die Kriegswirtschaft betreffenden Fällen wurde kurz und bündig festgestellt: „Congress does not abdicate its function, if it describes what job must be done, who must do it, and what is the scope of his authority."[163]

Die Funktion der Legislative wurde nun nicht mehr einfach mit dem Begriff des „law-making" erfaßt, der Supreme Court bemühte sich vielmehr um die „essentials of the legislative function;"[164] er sah sie in der Deklarierung der politischen Ziele und Absichten des jeweiligen Gesetzes durch den Kongreß, in der Festlegung der Methode, mit deren Hilfe das „Operationsziel" erreicht werden sollte und in der Vorgabe von Maßstäben für die von der Administration zu treffenden Entscheidungen.[165]

---

[159] Vgl. insbesondere Yakus v. US, 321 U.S. 414 (1944) und Bowles v. Willingham, 321 U.S. 503.

[160] Field v. Clark, S. 505; in der Entscheidung heißt es weiter: „There are many things upon which wise and useful legislation must depend which cannot be known to the law-making power, and must therefore be a subject of inquiry and determination outside of the halls of legislation." Ein ähnlicher Gedanke liegt der süddeutschen Polizeigesetzgebung des 19. Jahrhunderts zugrunde, vgl. oben S. 13.

[161] Panama Refining Co v. Ryan, 293 US 388 (1935) – Schechter Poultry Corp. v. US, 295 U.S. 495 (1935), S. 843; Currin v. Wallace, 306 U.S. 1, 381.

[162] Panama Refining Co. v. Ryan, S. 251.

[163] Bowles v. Willingham, 321 U.S. 503, S. 647; vgl. dazu auch *Ehmke*, H., Wirtschaft und Verfassung, S. 544, 558.

[164] Opp Cotton Mills v. Administrator of Wage and Hour Division, 312 U.S. 126, 657 (1941) S. 533; vgl. auch S. 532 sowie Bowles v. Willingham, S. 647: „Congress ... has made clear its policy (of waging war on inflation) ... it has defined the circumstances when its announced policy is to be declared operative and the method by which it is to be effectuated. Those steps constitute the performance of the legislative function in the constitutional sense."

## 6. Die Einflußnahme der amerikanischen Militärregierung

Diese Auffassung kehrt von jetzt an in der Rechtsprechung des Supreme Court in zahlreichen Wendungen immer wieder: „The adoption of the declared policy by Congress and its definition of the circumstances in which its command is to be effective, constitute the performance, in the constitutional sense, of the legislative function."[166] Die „policy" und die „standards"[167] des jeweiligen Gesetzes wurden zu den ausschlaggebenden Kriterien, an Hand derer die Ausübung der Delegationsnormen kontrolliert wurde: „... in the light of the declared policy and in conformity to prescribed legislative standards"[168] hatte die Administration zu handeln.

Während sich im Begriff der „policy" eines Gesetzes der sozialpolitische Trend der modernen Gesetzgebung ankündigt, wie er insbesondere in der Gesetzgebung des New Deal der 30er Jahre in Erscheinung trat, sind die „standards" die eigentlichen Gradmesser für die Zulässigkeit der jeweiligen Delegation. Es handelt sich im wesentlichen um unbestimmte Rechtsbegriffe, die den Spielraum der administrativen Ermessensfreiheit auf eine eher großzügige Art und Weise einschränken: Rundfunk-Lizenzen waren nach „öffentlichem Interesse, Angemessenheit und Notwendigkeit" („Public interest, convenience or necessity") zu erteilen, die Verkaufspreise für Naturgas waren „gerecht und vernünftig" („just and reasonable"), die Mieten für Hausgrundstücke „fair and reasonable" zu bestimmen; die Unterbindung „unfairer Wettbewerbsmethoden" („unfair methods of competition") oder die Verhinderung exzessiver Profite („excessive profits") waren in den Augen des Supreme Court ebenso wie die Ermächtigung zur Festlegung von „fairen und gerechten" Preisen im Eisenbahnwesen hinreichend bestimmte Maßstäbe für das Handeln der Exekutive.[169] Entscheidender Gesichtspunkt der Rechtsprechung war, daß der Kongreß einen durch hinreichend definierte Absichten und Zielsetzungen bestimmten Rahmen vorgab – „found to be within the framework of the policy which the legislative has sufficiently defined ..." – den die

---

[165] Yakus v. US, 321 U.S. 414, S. 667: „... the Act is thus an exercise by Congress of its legislative power. In it Congress has stated the legislative objective, has prescribed the method of achieving that objective ... and has laid down standards to guide the administrative determination ..."; ebenso Opp. Cotton Mills, S. 532; Bowles v. Willingham, S. 647.

[166] Opp Cotton Mills, S. 532.

[167] „standards set up for the guidance of the administrative agency", „standards for the guidance of the Administrators action", „criteria to guide the Administrator", vgl. Opp Cotton Mills, S. 532, Bowles v. Willingham, S. 647, Yakus, S. 668.

[168] Opp Cotton Mills, S. 532.

[169] Vgl. die Aufzählung ausreichend bestimmter Standards in Lichter v. US, 334 U.S. 742 (1948) sowie *Ehmke*, H., Wirtschaft und Verfassung, S. 532, *Fleiner*, Th., Delegation, S. 34, 75.

Exekutive, gesteuert durch gesetzgeberische Standards, mit Details ausfüllen sollte.[170]

Die vom Gesetzgeber vorgegebenen Standards mußten so bestimmt sein, daß den Ermächtigungsadressaten keine unbegrenzte Macht übertragen wurde. Im Vordergrund stand allerdings nicht die Frage, ob der Kongreß verfassungswidrig seine gesetzgebende Gewalt übertragen hatte, sondern ob durch die policies und standards das Feld, das die Administration zu bestellen hatte, so genau abgesteckt war, daß Kongreß, Gerichte und Öffentlichkeit sich vergewissern konnten, ob sich die Exekutive in Übereinstimmung mit dem gesetzgeberischen Willen befand.[171] Ließen die im Gesetz festgelegten Richtlinien und Maßstäbe eine solche Kontrolle nicht zu, lag gleichzeitig eine verfassungswidrige Delegation vor. Aus diesem Verständnis ergibt sich, daß die Delegation im amerikanischen Verfassungsrecht in erster Linie unter dem Blickwinkel der Gewaltenteilung betrachtet wird.[172] Ausschlaggebend für den Begriff der Gesetzgebung ist nicht der Vorbehalt des Gesetzes und damit das Verhältnis zwischen Parlament und Rechtsunterworfenen, sondern das Verhältnis zwischen Legislative und Administration.

### d) Die Entwicklung der „Inhalt, Zweck und Ausmaß"-Formel in der Bayerischen Staatskanzlei

Die OMGUS-Direktive zur Regelung der reichsrechtlichen Verordnungsermächtigungen wurde den Länderregierungen am 16. September 1947 zur „Veranlassung von Maßnahmen in dem darin vorgeschlagenen Sinne" übermittelt.[173] Die bayerische Staatsregierung kam dieser Aufforderung eher zögerlich nach: Erst am 24. Oktober beauftragte Ministerprä-

---

[170] Panama Refine, S. 252. vgl. dazu Currin v. Wallace, 306 U.S. 1, S. 381, 388: „The statute thus defines the policy of Congress and is not an unconstitutional „delegation of legislative power," since act establishes standards within the framework of wich the administrative agent is to supply the details." *Ehmke, H.*, Wirtschaft und Verfassung, S. 527.

[171] Yakus, S. 668: „The standards prescribed ... are sufficiently definite and precise to enable Congress, the courts and the public to ascertain whether the Administrator ... has conformed to those standards." Vgl. Opp Cotton Mills, S. 533: „Where standards ... are such, that congress, the courts and the public can ascertain whether agency has conformed to standards which Congress has prescribed, there is no failure of performance of „legislative function."

[172] *Ehmke, H.*, Wirtschaft und Verfassung, S 531, 542; vgl. auch *Henle, W.*, Grundsätzliche Stellungnahme der Militärregierung zu Gesetzentwürfen, DÖV 1949, 114.

[173] Bayer. Staatskanzlei G 67/47, Bl. 3.

## 6. Die Einflußnahme der amerikanischen Militärregierung 49

sident Dr. Ehard das Justizministerium mit der Ausarbeitung eines Gesetzentwurfs[174] und erst auf Mahnung der Legal Division der Militärregierung wurde am 19. Dezember 1947 mitgeteilt, das Staatsministerium der Justiz habe inzwischen einen Entwurf ausgearbeitet – „in Anlehnung an das bereits erlassene Württemberg-Badische Gesetz vom 12. November 1947."[175]

Der Stuttgarter Länderrat hatte zwar keine Notwendigkeit für ein einheitliches Zonengesetz gesehen, jedoch den gegenseitigen Austausch der Gesetzentwürfe vereinbart.[176] Als erstes legte das Württemberg-Badische Innenministerium am 3. September 1947 seinen Entwurf vor, der – im wesentlichen unverändert – im November vom Landtag als Gesetz verabschiedet wurde. Knapp und gleichzeitig vage bestimmte § 2, von einer reichsrechtlichen Ermächtigung dürfe kein Gebrauch mehr gemacht werden, wenn sie „Aufgaben betrifft, die nach rechtsstaatlichen Grundsätzen im Wege der Gesetzgebung selbst gelöst werden müssen."[177] Die Begründung lehnte sich eng an das OMGUS-Schreiben vom 31. Juli an und beschwor die nationalsozialistische Herrschaft, die der Verwaltung Ergänzungsverordnungen ermöglicht und ihr damit Aufgaben übertragen hatte, die nach rechtsstaatlichen Grundsätzen von der Gesetzgebung selbst wahrzunehmen waren. Diese Ermächtigungen waren, im Gegensatz zu den Ausführungs- und Durchführungsbestimmungen, verfassungswidrig und daher nicht mehr anwendbar.[178]

Während es der Stuttgarter Landtag der Prüfung im Einzelfall überlassen wollte, ob die jeweilige Delegationsnorm rechtsstaatlichen Prinzipien entsprach und zudem die Kriterien offen blieben, nach denen diese Frage zu beantworten war, entschied der hessische Landtag, daß die Befugnisse zur „Änderung, Ergänzung, Verlängerung oder Aufhebung" des die Ermächtigung enthaltenden Gesetzes erloschen seien.[179] Erschien die hessische Regelung dem rheinland-pfälzischen Landtag als nachahmenswerte Formulierungshilfe,[180] so schloß sich Bremen der Württemberg-Badischen

---

[174] Bayer. Staatskanzlei G 67/47; Schreiben des Ministerpräsidenten Dr. Ehard vom 24. 10. 1947 an das Staatsministerium der Justiz.
[175] Württ.-Bad. Reg.Bl. 1947, S. 185.
[176] StMdJ 1031 – J – 28 123, Entwurf des Schreibens an die Staatskanzlei vom Oktober 1947.
[177] StMdJ 1031 – J – 28443, Entwurf vom 3. 9. 1947; Gesetz vom 12. 11. 1947, RegBl. 1947, S. 185.
[178] StMdJ 1031 – J – 28443, Entwurf und Begründung vom 3. 9. 1947.
[179] StMdJ 1031 – J – 286, Entwurf vom 10. 10. 1947, überarbeitete Fassung vom 6. 2. 1948 und Gesetz vom 11. 3. 1948, GVBl. 47.

Lösung des Problems fast wörtlich an.[181] Zur Begründung hieß es, eine Übertragung gesetzgeberischer Aufgaben sei grundsätzlich unzulässig, insbesondere könne ein nur in den Grundzügen festgelegtes Gesetz nicht durch Ausführungsverordnungen ergänzt oder sogar abgeändert werden. Gleichwohl glaubte man auf die Feststellung, „in welchen Fällen eine übermäßige Übertragung gesetzgebender Gewalt auf die Exekutive" vorlag, verzichten zu sollen: „Eine solche Regelung erschöpfend in abstracto zu treffen, erscheint unmöglich."[182] Damit distanzierte sich der Bremer Justizsenator bewußt von dem mittlerweile ebenfalls vorliegenden bayerischen Entwurf, der zum erstenmal versuchte, die Grenzen der Delegationsfreiheit materiell zu bestimmen.

Der bayerische Justizminister Josef Müller – besser bekannt unter seinem parteipolitischen Pseudonym „Ochsensepp" – hatte seinen Entwurf am Silvestertag des Jahres 1947 vorgelegt. In einer umständlichen, eng am Wortlaut des OMGUS-Schreibens orientierten Fassung versuchte man den Intentionen der Militärregierung gerecht zu werden.[183] Der bayerische Entwurf erklärte – insoweit in Übereinstimmung mit dem hessischen Gesetz – gesetzesändernde Verordnungen für verfassungswidrig. Gesetzesergänzende Ermächtigungen sollten dem rechtsstaatlichen Verdikt jedoch nur dann unterfallen, wenn sie Ergänzungen größeren Ausmaßes erlaub-

---

[180] Vgl. § 1 Abs. 2 des Gesetzes vom 17. 6. 1948, GVBl. 241: „Soweit solche Ermächtigungen nicht die Durchführung, sondern die Ergänzung, Abänderung, Auslegung oder Aufhebung der Vorschriften zum Gegenstand haben, die die Ermächtigung enthalten, werden sie hinfällig."

[181] StMdJ 1031 – J – 174, Anlage zum Schreiben des Senators für Justiz und Verfassung vom 22. 1. 1948. Nach § 2 durfte kein Gebrauch gemacht werden, wenn sie „eine Regelung, die nach rechtsstaatlichen Grundsätzen von der Gesetzgebung getroffen werden mußte, dem Verordnungsweg überlassen hat".

[182] StMdJ 1031 – J – 174, Schreiben vom 22. 1. 1948; die endgültige Fassung des Bremischen Gesetzes vom 18. 5. 1948, GBl. 71 lautete: „Die Befugnis des Senats entfällt, wenn die reichsrechtliche Ermächtigung eine Regelung, die gemäß Art. 67 LVerf vom 21. 10. 1947 von der Gesetzgebung zu treffen ist, dem Verordnungsweg überlassen hat."

[183] Bayer. Staatskanzlei, G. 67/47, Bl. 14; die einschlägige Bestimmung lautete:
1. „In Reichsgesetzen oder sonstigen reichsrechtlichen Vorschriften enthaltene Ermächtigungen, Vorschriften des früheren Reichsrechts oder des Landesrechts zu ändern oder in einem mit den Grundsätzen des Rechtsstaates unvereinbaren Ausmaß zu ergänzen, werden aufgehoben.
2. Als unvereinbar mit den Grundsätzen des Rechtsstaates gilt eine Ermächtigung zur Ergänzung dann, wenn sie eine übermäßige Übertragung gesetzgebender Gewalt darstellt, indem das die Ermächtigung enthaltene Reichsgesetz ohne Aufstellung der wesentlichen Regeln hinsichtlich seines Gegenstandes die Festlegung von Teilen der zu treffenden rechtlichen Regelung, die für die in Frage kommenden Rechte und Pflichten der Bürger von wesentlicher Bedeutung sind, der zum Erlaß der Rechtsverordnung ermächtigten Stelle überläßt."

## 6. Die Einflußnahme der amerikanischen Militärregierung

ten, die für Rechte und Pflichten der Bürger so bedeutsam waren, daß sie nach Art. 70 Abs. 1 BV der Gesetzesform bedurften. Zum erstenmal erhielt die nur auf das Verhältnis der legislativen zur exekutiven Gewalt bezogene Direktive der Militärregierung eine Interpretation, die den Vorbehalt des Gesetzes miteinbezog. Ermächtigungen waren verfassungswidrig, wenn sie der Exekutive

1. Teilbereiche der zu treffenden Regelung überließen, die
2. für die Rechte und Pflichten der Bürger von wesentlicher Bedeutung waren, ohne daß
3. maßgebliche Direktiven vorgegeben waren, wie der jeweilige Gegenstand zu regeln war.

Der mißglückte[184] Formulierungsversuch des Justizministeriums veranlaßte die Staatskanzlei, sich dieses Problems selbst anzunehmen. Insgesamt wurden drei Entwürfe verfaßt, die sich jeweils auf die Frage konzentrierten, wann von einer, mit dem Rechtsstaatsprinzip unvereinbaren Übertragung gesetzgebender Gewalt auszugehen war. Ein mit „Gegenentwurf" E I überschriebener Entwurf[185] hielt dies dann für gegeben, wenn das Reichsgesetz, das die Ermächtigung erteilte, „die Festlegung wesentlicher Teile seines Gegenstandes oder die Bestimmung des Umfangs, in dem in Rechte und Pflichten der Bürger eingegriffen werden darf, ohne begrenzende Richtlinien der ermächtigten Stelle" überließ.[186]

---

[184] Vgl. Staatskanzlei G 67/47; Schreiben des Bayerischen Staatsministers der Finanzen an den Ministerpräsidenten vom 19. 1. 1948; der Finanzminister schlug vor, den fraglichen Paragraphen „redaktionell leichter verständlich zu fassen und insbesondere in zwei Sätze aufzugliedern".

[185] Der Entwurf trägt das Datum vom 23. 1. 1948 und den handschriftlichen Vermerk „Henle" als seinen Urheber. Dr. Wilhelm Henle wurde am 5. 1. 1911 in München geboren; ab 1930 Studium der Rechtswissenschaften; 1934 Promotion zum Dr. jur. an der Universität Erlangen; 1937 Eintritt als Assessor in den Bayerischen Justizdienst; 1939 Landgerichtsrat; 1946 Eintritt in die Bayerische Staatskanzlei, 1951 Wechsel zum Staatsministerium der Finanzen. Seit 1963 Ministerialdirigent im Arbeitsministerium; seit 1964 Honorarprofessor der Ludwig-Maximilians-Universität. – Ich habe Herrn Henle für ein aufschlußreiches Gespräch zu danken.

[186] Der Entwurf hat folgenden Wortlaut: 1. Eine Ermächtigung der in § 1 bezeichneten Art (gemeint sind reichsrechtliche Ermächtigungen, d. Verf.) darf nicht ausgeübt werden, wenn sie eine mit den Bestimmungen der Bayerischen Verfassung unvereinbare Übertragung gesetzgebender Gewalt enthält.
2. Dies ist dann der Fall, wenn ein Reichsgesetz oder das sonstige Reichsrecht, das diese Ermächtigung erteilt, die Festlegung wesentlicher Teile seines Gegenstandes oder die Bestimmung des Umfangs, in dem in Rechte und Pflichten der Bürger eingegriffen werden darf, ohne begrenzende Richtlinien der ermächtigten Stelle überläßt."

Ein ebenfalls in der Staatskanzlei ausgearbeiteter Alternativentwurf[187] hielt dies dann für gegeben, wenn die Ermächtigung es dem Ermächtigungsadressaten überließ,

„1. ... den wesentlichen Inhalt der zu treffenden Regelung selbst zu bestimmen" bzw.
„2. wenn der durch die Ermächtigung gegebene Rahmen so unbestimmt ist, daß es der ermächtigten Stelle überlassen bleibt, inwieweit durch die von ihr zu treffende Regelung Rechte und Pflichten des Einzelnen berührt wurden."

Keiner der beiden Entwürfe vermochte sich durchzusetzen. Dem Ministerrat wurde vielmehr erst ein dritter Entwurf vorgelegt, in dem es hieß:

„Eine Ermächtigung zum Erlaß von Rechtsverordnungen auf Grund noch geltenden Reichsrechts darf nicht ausgeübt werden, wenn Inhalt, Zweck und Ausmaß der damit erteilten Verordnungsgewalt durch die vom Reichsgesetzgeber selbst getroffenen Bestimmungen nicht hinreichend genau festgelegt und begrenzt ist."[188] In der Begründung hieß es bündig, mit dem in der Verfassung festgelegten Grundsatz der Gewaltenteilung wäre die Ausübung von Ermächtigungen unvereinbar, durch welche die gesetzgebende Gewalt „in übermäßigem Maße" auf die Exekutive übertragen wurde. Aus diesem Grunde untersage der Entwurf die Inanspruchnahme von Blankoermächtigungen, womit gleichzeitig „einem Erfordernis des oben erwähnten Schreibens des Amtes der Militärregierung Rechnung getragen" werde.[189]

---

[187] Der Entwurf ist mit „E II" gekennzeichnet. Nach Auskunft von W. Henle stammte er aus der Feder von Ministerialrat Dr. Carl Leusser; Carl Leusser (1909-1966) war ab 1935 als Staatsanwalt tätig; 1942-1945 Kriegsteilnehmer; im Juni 1945 Abordnung in die Bayerische Staatskanzlei als Leiter der Rechts- und Verfassungsabteilung. In dieser Stellung war er maßgeblich an der Ausarbeitung der Bayer. Verfassung beteiligt. 1948 Mitarbeiter des Herrenchiemseer Verfassungskonvents. 1951/52 Richter am Bundesverfassungsgericht.

[188] Staatskanzlei G 67/47; der Entwurf ist mit „E III" gekennzeichnet und trägt ebenfalls den handschriftlichen Vermerk „Henle" als Autor der Formulierung. (In der dem Landtag vorgelegten Drucksache hieß es richtiger „festgelegt und begrenzt sind." Vgl. Bayer. Landtags-Archiv, Beilage 1113 vom 13. 2. 1948.) Wilhelm Henle glaubt sich daran erinnern zu können, daß ihm die Formel nicht am Schreibtisch, sondern beim Skifahren eingefallen sei.

[189] Archiv des Bayer. Landtags, Beilage 1113 vom 23. 2. 1948.

### e) Die Beurteilung der Ermächtigungsformel im Bayerischen Landtag

Im Rechts- und Verfassungsausschuß des Bayerischen Landtags stieß der Entwurf zunächst auf wenig Gegenliebe. Insbesondere der Mitberichterstatter Dr. Thomas Dehler[190] wollte „die Gesetzgebungsmacht ausschließlich dem Landtag erhalten wissen" und sprach sich daher dagegen aus, „Nazigesetze in der Form weiterwirken zu lassen, daß nunmehr die Staatsregierung Gesetzgebungsgewalt in der Form von Rechtsverordnungen erhalte."[191] Auch der Berichterstatter, Otto Schefbeck[192] vertrat den Standpunkt, daß „die Delegationen früherer Nazigesetze nicht in unsere neue staatsrechtliche Entwicklung herübergenommen werden sollten." Wenn Ausführungs- und andere Rechtsverordnungen zu den noch geltenden Reichsgesetzen notwendig seien, könnten diese vom Landtag selbst erlassen werden.[193] Die polemische Frage Claus Leussers als Vertreter der Staatskanzlei, „ob denn dann im Verfolg dieser Ansicht etwa der Landtag selbst eine Anordnung über die Preisbildung von Parkettstäben treffen wolle,"[194] veranlaßte den Ausschuß, sich zwar im Prinzip mit der Wahrnehmung reichsrechtlicher Ermächtigungen durch die Staatsregierung abzufinden; um jedoch das Gesetzgebungsrecht des Landtags nicht zu Schaden kommen zu lassen, forderten insbesondere Thomas Dehler und Wilhelm Hoegner den Vorbehalt, der Erlaß dieser Rechtsverordnungen müsse – dem Vorbild des Art. 9 Abs. 2 BV folgend – der „vorherigen Genehmigung des Landtags" unterworfen werden.[195]

---

[190] Dehler, Thomas, geb. am 14. Dez. 1897 in Lichtenfels/Ofr.; jur. Studium in München, Freiburg und Würzburg; 1920 Promotion und 1. jur. Staatsprüfung in Würzburg; 1924 Rechtsanwalt in München, 1926-1945 Rechtsanwalt in Bamberg, 1945/46 Landrat, 1946/47 Generalstaatsanwalt und 1947-1949 OLG-Präsident in Bamberg; seit 1946 Landesvorsitzender der FDP in Bayern und Landtagsabgeordneter in München; 1948/49 Mitglied des Parlamentarischen Rates und 1949-1953 Bundesjustizminister; 1960-67 Vizepräsident des Deutschen Bundestages; gest. am 21. Juli 1967 in Streitberg/Ofr.

[191] Archiv des Bayer. Landtags, Beilage 1113; Protokoll der 39. Sitzung des Rechts- und Verfassungsausschusses, S. 5.

[192] Schefbeck, Otto, geb. am 25. Sept. 1900 als Sohn des Bäckermeisters und späteren Reichstagsabgeordneten Joseph Schefbeck; Rechtsanwalt in München und für den Stimmkreis Miesbach Mitglied des Bayer. Landtags (CSU); führende Mitarbeit im Rechts- und Verfassungsausschuß; Vorsitzender des Wirtschaftsausschusses.

[193] Archiv des Bayer. Landtags, Beilage 1113, Protokoll der 39. Sitzung, S. 8.

[194] Ebd., Ministerialrat Claus Leusser.

[195] Archiv des Bayer. Landtags, Beilage 1113, Protokoll der 39. Sitzung, S. 11, 12 und Protokoll der 43. Sitzung, S. 5; vgl. auch Hoegner, W., Lehrbuch, S. 64, 91.

Der Einwand des Ausschußvorsitzenden, daß dieser Vorbehalt „das ganze Gesetz gegenstandslos" mache, vermochte den Ausschuß zwar nicht zu überzeugen, bewog ihn aber immerhin, den Fraktionen noch einmal Gelegenheit zur Überprüfung ihrer Standpunkte zu geben.[196] Erst die Ankündigung der Staatskanzlei, die Staatsregierung werde unter der Voraussetzung eines Genehmigungsvorbehalts auf ihren Gesetzentwurf überhaupt verzichten, „weil dann gleich ebensogut der Weg der formellen Gesetzgebung beschritten werden könne", veranlaßte den Ausschuß einzulenken. Dazu mögen nicht zuletzt die gutachtlichen Stellungnahmen beigetragen haben, um die der Ausschuß Hans Nawiasky und Wilhelm Hoegner gebeten hatte. Nawiasky wies in diesem Zusammenhang zum erstenmal auf den Widerspruch[197] zwischen Art. 70 Abs. 3 und Art. 55 Nr. 2 BV hin und trug dem Ausschuß die einschlägige Stelle seines mit Claus Leusser verfaßten, soeben im Manuskript fertiggestellten Kommentars[198] zur Bayerischen Verfassung vor. Demzufolge war eine Ermächtigung, die der Staatsregierung die normative Regelung einer Materie schlechthin übertrug, ebenso verfassungswidrig, wie die ihr etwa erteilte Befugnis, einen vom Gesetz nicht vorgesehenen, nicht schon in ihm enthaltenen Rechtsinhalt festzusetzen. Der vorgelegte Entwurf gewährleistete diese verfassungsrechtliche Vorgabe. Die Klausel verhinderte, daß die Regierung eine „selbständige materielle Norm" erlassen konnte, die nicht bereits im Gesetz selbst enthalten war.[199]

Hoegner kam zu einem ähnlichen Ergebnis: Art. 55 Nr. 2 S. 3 BV stehe im Zusammenhang mit dem Vollzug von Gesetzen; Ermächtigungen könnten daher nur für Gegenstände erteilt werden, die gesetzlich bereits geregelt seien. Rechtsverordnungen seien überhaupt nur zur Ergänzung von Gesetzen zulässig.[200]

Die Staatskanzlei nahm diesen Gedanken bereitwillig auf. Die gefundene Formel, argumentierte ihr Urheber, Oberregierungsrat Henle, im Ausschuß, stelle sicher, daß aufgrund reichsrechtlicher Ermächtigungen nur Rechtsverordnungen zur Ausfüllung von Lücken erlassen werden konnten, nicht aber Verordnungen primärer Art, die „unabhängig von

---

[196] Archiv des Bayer. Landtags, Beilage 1113, Protokoll der 39. Sitzung S. 11 f.
[197] vgl. oben S. 40.
[198] *Nawiasky-Leusser,* Die Verfassung des Freistaates Bayern, 1948, S. 44; das Vorwort stammt vom August 1948.
[199] Archiv des Bayer. Landtags, Beilage 1113, Protokoll der 39. Sitzung des Verfassungsausschusses, S. 57 ff.
[200] Archiv des Bayer. Landtags, Beilage 1113; Protokoll der 43. Sitzung des Verfassungsausschusses, S. 7, 8; vgl. auch *Hoegner,* W., Lehrbuch, S. 64, 91.

einer gesetzlichen Grundlage in das Leben, die Freiheit und die Vermögensrechte der Bürger eingreifen."[201] Der Entwurf sei schließlich auch vom demokratischen Standpunkt aus bedenkenfrei, da er auf Weisung der Militärregierung vorgelegt werde.[202]

Auf die Initiative des Ausschußmitgliedes Wilhelm Laforet[203] erfuhr der Entwurf der Staatskanzlei schließlich doch noch eine Änderung. Der Klausel wurde der Satz vorangestellt, von einer reichsrechtlichen Ermächtigung dürfe nur zur Durchführung, nicht zur Ergänzung eines Gesetzes Gebrauch gemacht werden. Aber auch der Erlaß einer Durchführungsverordnung war ausgeschlossen, „wenn Inhalt, Zweck und Ausmaß der erteilten Verordnungsgewalt durch den ermächtigenden Gesetzgeber selbst nicht hinreichend genau festgelegt und begrenzt" waren. In dieser Fassung wurde das Gesetz am 29. April 1948 vom Bayerischen Landtag einstimmig beschlossen.[204]

Über den in der Staatskanzlei ausgearbeiteten Bayerischen Entwurf eines Grundgesetzes gelangte die Klausel in die Beratungen des Herrenchiemseer Konvents. In enger Anlehnung an die Bayerische Verfassung und das oben genannte Gesetz lautete der einschlägige Passus ursprünglich:

„Das Recht der Gesetzgebung kann nicht übertragen werden. Auch nicht auf Ausschüsse des Bundestags und des Bundesrats. Unberührt hiervon bleibt die Ermächtigung der Bundesregierung zum Erlaß von Rechtsverordnungen aufgrund eines Bundesgesetzes; Inhalt, Zweck und Ausmaß der erteilten Verordnungsgewalt muß jedoch durch in der Ermächtigung selbst getroffene Bestimmungen hinreichend genau festgelegt und begrenzt sein."[205]

---

[201] Archiv des Bayer. Landtags, Beilage 1113; Protokoll der 43. Sitzung des Verfassungsausschusses, S. 9.
[202] Ebd., S. 12.
[203] Ebd., S. 13; vgl. dazu auch seine Ausführungen in der Sitzung des Bayer. Landtags vom 29. 4. 1948 – Stenogr. Bericht, S. 1325 sowie sein 1937 erschienenes „Deutsches Verwaltungsrecht", S. 174: „Ist die Ermächtigung nur zur Durchführung gegeben, so ist es umstritten, ob das Reichsministerium auch ergänzendes Recht geben kann. Einwandfrei ist die Befugnis zur Ergänzung des Gesetzes nur gegeben, wenn eine Ermächtigung dahin lautet, die Vorschriften zu erlassen, die zur Durchführung und Ergänzung des Gesetzes notwendig sind. Ist dies nicht geschehen, so gibt die Ermächtigung zur Durchführung nur die Ausfüllung eines gegebenen Rahmens, nicht aber die Befugnis zur Erweiterung, selbst wenn diese zweckmäßig ist." Vgl. weiter Holtkotten, BK, Art. 129 Anm. D 2 b, der sich ausdrücklich gegen die von Laforet vertretene Auffassung wendet, Art. 80 GG erlaube gesetzesändernde Verordnungen im eigentlichen Sinne.
[204] Bayer. Landtag, Sitzung vom 29. 4. 1948 – Stenogr. Bericht, S. 1325 f.
[205] Parlamentarischer Rat, Bd. II, S. 25; vgl. dazu auch Klein, F., Verordnungsermächtigungen, S. 20 ff.

## 6. Die Einflußnahme der amerikanischen Militärregierung

Im zuständigen Ausschuß des Herrenchiemseer Konvents wurde diese Fassung nicht nur sprachlich überarbeitet, sondern zunächst auch sachlich erweitert. Das mit dem Mißbrauch der Ermächtigungsgesetze motivierte[206] ausdrückliche Verbot der Übertragung der Gesetzgebungsbefugnis sollte nur Ermächtigungen zum „Erlaß von Gesetzen im eigentlichen Sinne" ausschließen, nicht aber „Rechtsverordnungen mit Gesetzeskraft", sofern Inhalt, Zweck und Ausmaß der Ermächtigung hinreichend bestimmt waren.[207] Der endgültig verabschiedete Text wählte dann jedoch wiederum eine engere Fassung, die sachlich dem ursprünglichen bayerischen Entwurf entsprach.[208] Erst im parlamentarischen Rat wurde das ausdrückliche Verbot von Ermächtigungsgesetzen für überflüssig erachtet und aus dem Text eliminiert.[209] Man glaubte zudem auch auf den „nichtssagenden Kautschukbegriff"[210] verzichten zu können, Inhalt, Zweck und Ausmaß müßten „ausreichend" bestimmt sein; es blieb der Rechtsprechung des BVerfG vorbehalten, die Formel durch das Attribut der „hinreichenden Bestimmtheit"[211] wieder zu vervollständigen.

---

[206] Parlamentarischer Rat, Bd. II, S. 303; vgl. *v. Mangoldt*, H., Bonner Grundgesetz, S. 369.

[207] Parlamentarischer Rat, Bd. II, S. 303, 326; vgl. *v. Mangoldt*, H., Bonner Grundgesetz, S. 369.

[208] Vgl. die von *Nawiasky*, H., gegen die erweiterte Fassung erhobenen Bedenken: „... weil das eine Delegation der Gesetzgebung an die Verwaltung bedeuten würde." Parlamentarischer Rat, Bd. II, S. 419; der verabschiedete Art. 102 Abs. 2 lautete: „Keines der beiden Häuser kann seine Befugnis zur Gesetzgebung übertragen, auch nicht auf einen von ihm gebildeten Ausschuß. Die Bundesregierung, ein Bundesminister oder die Landesregierungen können jedoch durch Gesetz ermächtigt werden, Rechtsverordnungen zu erlassen, sofern Inhalt, Zweck und Ausmaß der erteilten Ermächtigung ausreichend im Gesetz bestimmt sind ...", Parl. Rat, Bd. II, S. 601; *v. Mangoldt*, H., Bonner Grundgesetz, S. 369; *Doemming v.-Füßlein-Matz*, JöR 1 (195) S. 588 f.

[209] *Herrfahrdt*, BK, Art. 80 Anm. 1; vgl. dazu auch *Hesse*, K., Grundzüge, Rdz. 524.

[210] *Doemming v.-Füßlein-Matz*, JöR 1 (1951) S. 588; *Klein*, F., Verordnungsermächtigungen, S. 21.

[211] BVerfGE 55, 207 (226); 58, 257 (277, 278); vgl. auch *Degenhardt*, Chr., Staatsrecht I, Rdz. 211.

## 7. Schlußfolgerungen zur historischen Interpretation des Art. 80 Abs. 1 S. 2 GG

Die Verfassungsgeschichte der Verordnungsermächtigung beruht auf einer demokratisch-politischen und auf einer rechtsstaatlichen Tradition.[212] Sie hat zum einen das Verhältnis von Parlament und Regierung, zum anderen das Verhältnis von Staat und Bürger zum Gegenstand. Beide zusammen bestimmen den Umfang und die Grenzen der Delegation.

a) Im konstitutionellen Staat ist das Verhältnis von Gesetz und Verordnung gleichzeitig Ausdruck der Machtverteilung zwischen Parlament und Krone, die sich auf jeweils unterschiedliche Legitimationsgrundlagen stützen. Die Beseitigung des selbständigen Verordnungsrechts und die Durchsetzung eines nurmehr abgeleiteten Verordnungsrechts eröffneten dem Parlament – neben dem erkämpften Budgetrecht – die Kontrolle der innenpolitischen Entscheidungen. Dies gilt in besonderem Maße für das auf dem Spezialermächtigungsgrundsatz beruhende Verordnungsrecht der süddeutschen Staaten. Der natürliche Interessengegensatz zwischen monarchischer Exekutive und bürgerlichem Parlament sorgte für eine Beschränkung der delegierten Rechtsetzung auf das unbedingt Notwendige, bis dieser Mechanismus mit dem Beginn des 1. Weltkriegs versagte.[213]

Im demokratisch-parlamentarischen Staat entfällt der konstitutionelle Antagonismus zwischen Regierung und Parlament. Die Frage der Verordnungsermächtigung bleibt gleichwohl auch politisch in mehrfacher Hinsicht bedeutungsvoll. Ihr Umfang entscheidet zum einen über den politischen Primat, der dem Parlament im Verhältnis zur Regierung zukommt; zum anderen entscheidet er aber auch darüber, welche Gegenstände der Einflußnahme der Opposition[214] entzogen werden können. Daraus folgt, daß politisch wesentliche Entscheidungen, unabhängig vom rechtsstaatlichen Aspekt ihrer Grundrechtsrelevanz, vom Parlament selbst zu treffen und zu verantworten sind. Die Entscheidung darüber, welche Fragen vom Par-

---

[212] Vgl. dazu auch *Richter*, J., – *Schuppert*, F., Casebook Verfassungsrecht, 1987, S. 502.

[213] Vgl. zu dieser Einschätzung auch *Staupe*, J., Parlamentsvorbehalt, S. 56 f., 59.

[214] Vgl. dazu auch *Hesse*, K., Grundzüge, Rdz. 525.

lament selbst zu entscheiden sind und welche der Exekutive im Verordnungsweg überlassen werden können oder sogar übertragen werden müssen, weil das Parlament zu ihrer Regelung selbst gar nicht in der Lage wäre, ist in erster Linie Gegenstand der politischen Verantwortung des Parlaments.

Im sozialen Verfassungsstaat ist die Verordnungsermächtigung ein notwendiges Instrument zur Erfüllung der Staatsaufgaben und zur Entlastung des Parlaments. In einer funktionierenden parteienstaatlich organisierten Demokratie wird es dabei das natürliche Interesse der Opposition sein, den Spielraum der jeweiligen Ermächtigung so gering wie möglich und die legislativen Direktiven für das Handeln der Exekutive so bestimmt wie möglich zu halten. Dieses politische Interesse allein vermag die Entscheidung über Umfang und Inhalt der Delegation jedoch nicht zu steuern. Das parlamentarische Regierungssystem begünstigt im Gegenteil großzügige Ermächtigungen durch die politische Identität zwischen Parlamentsmehrheit und Regierung und durch die Möglichkeit, die politische Auseinandersetzung mit der Opposition abzuschneiden. Erst die durch die Klausel des Art. 80 Abs. 1 GG gezogene Beschränkung der Delegationsfreiheit der Parlamentsmehrheit gewährleistet, daß die Ermächtigung nicht nur einen hinreichenden Kontrollmaßstab für das Handeln der Exekutive vermittelt, sondern auch, daß der von der Verfassung vorgesehene Einfluß der Opposition auf den jeweiligen Regelungsgegenstand gewahrt bleibt.[215] Die Delegationsmöglichkeit soll das Parlament von technischen, regionalen und zeitgebundenen Einzelheiten entlasten, nicht aber politische Entscheidungen vor der Opposition in Sicherheit bringen.

b) Die rechtsstaatliche Seite der Verordnungsermächtigung betrifft das Verhältnis zwischen Staat und Bürger. Nach der überkommenen Vorstellung vom Vorbehalt des Gesetzes sind Eingriffe der Exekutive in Freiheit und Eigentum der Bürger nur zulässig, wenn sie auf einer gesetzlichen Entscheidung beruhen. Die parlamentarisch-demokratische Verfassung hat diesen Grundsatz beibehalten und durch den Grundrechtskatalog des GG sogar weitgehend positiviert. Daraus folgt, daß die Frage, in welchem *Ausmaß* durch die Verordnungsgewalt in diesen Bereich eingegriffen werden darf, vom Gesetzgeber selbst bestimmt werden muß. Er darf es nicht der Exekutive überlassen, von sich aus Umfang und Ausmaß zu bestimmen, in dem Rechte und Pflichten der Bürger durch Rechtsverordnung in Anspruch genommen werden können.[216]

---

[215] Vgl. dazu *Thoma*, R., Der Vorbehalt der Legislative, HDStR II, S. 227; *Poetzsch-Heffter*, Reichsverfassung, Art. 68, Vorbem. 6; vgl. dazu auch BVerfGE 45, 1 (38) im Hinblick auf die Rechte der Opposition bei der Haushaltsgesetzgebung.

## 7. Schlußfolgerungen zu Art. 80 Abs. 1 S. 2 GG

c) Der Beschränkung der Delegationsfreiheit kommt damit sowohl eine politisch-demokratische wie eine rechtsstaatliche Funktion zu: sie gewährleistet den politischen Primat des Parlaments im Hinblick auf die ihm als Vertretung des Volkes obliegende Aufgabe, die grundlegenden, von der Verfassung offen gelassenen Fragen des Gemeinwesens zu entscheiden; sie garantiert aber auch, daß das Ausmaß, in dem in die Grundrechte der Staatsbürger eingegriffen werden darf, nach dem Prinzip des Vorbehalts des Gesetzes vom Parlament selbst und nicht von der Exekutive bestimmt wird. In die Formel des Art. 80 Abs. 1 GG sind somit sowohl die Vorstellungen über das demokratisch-parlamentarische wie über das rechtsstaatliche Verhältnis von Gesetz und Verordnung eingegangen, m.a.W.: Art. 80 Abs. 1 S. 2 erfaßt den Auftrag des Parlaments als Repräsentativkörperschaft zur Besorgung der Rechte der Staatsbürger und als Volksvertretung zur Entscheidung der politischen Fragen des Gemeinwesens.[217]

d) Die Frage der hinreichenden Bestimmtheit der Verordnungsermächtigung stellt sich im demokratisch parlamentarischen Staat nicht zuerst unter dem Blickwinkel der Kontrolle des Parlaments durch das BVerfG. Diese Sichtweise ist im Hinblick auf die Weimarer Staatspraxis zwar verständlich, sie verkennt jedoch die in mehrfacher Hinsicht begründete Ausnahmesituation des Weimarer Reichstages. Bereits Max Weber hat die Vorliebe des alten Reichstages, lieber die Regierung zu kontrollieren, als selbst die politische Leitung zu übernehmen, scharf kritisiert.[218] Diese tendenzielle Vorliebe für eine negativ angelegte Politik setzte sich bei einem Teil der Parteien im Weimarer Reichstag fort, wo die aus den taktischen Winkelzügen der Parteien resultierende gegenseitige Paralyse fast zwangsläufig die bekannte überzogene Delegationspraxis zur Folge hatte. Hinzu kam die fast permanente wirtschaftliche und sozialpolitische Ausnahmesituation und das nicht unverschuldet fehlende Vertrauen der öffentlichen Meinung in die politische Leistungsfähigkeit des Parlaments, von dem vor allem die Regierung profitierte.[219] Unter den Voraussetzungen der parla-

---

[216] Keine Anhaltspunkte finden sich in der Entstehungsgeschichte der Klausel zur sog. Vorhersehbarkeitsformel des BVerfG. Mit den Ermächtigungen des StabG, die gerade Überraschungseffekte herbeiführen sollen, dürfte sich diese Interpretation ohnehin nicht mehr vereinbaren lassen – abgesehen davon, daß Ermächtigungen u. a. schon immer auch zu dem Zweck erteilt wurden, auf unvorhergesehene Situationen angemessen reagieren zu können. Vgl. dazu auch *Fleiner*, Th., Delegation, S. 66, 107; *Stein*, E., Staatsrecht 10. Aufl., S. 161.

[217] Vgl. zu dieser Vorstellung *Hofmann*, H., Allgemeinheit des Gesetzes, S. 24.

[218] *Weber*, M., Parlament und Regierung im neugeordneten Deuschland (1918), in: Gesammelte Politische Schriften, 4. Aufl., 1980, S. 339.

[219] Vgl. *Jacobi*, E., Die Rechtsverordnungen, HDStR II, S. 239.

mentarischen Demokratie des GG ist die Klausel des Art. 80 Abs. 1 S. 2 GG nicht nur ein verfassungsrechtliches Signal an das Parlament, seinen gesetzgeberischen Pflichten nachzukommen, sondern auch und insbesondere eine Möglichkeit, den Ermächtigungsadressaten am Maßstab der legislativen Vorgaben[220] zu kontrollieren. Die vom BVerfG bevorzugte Überprüfung des ermächtigenden Gesetzgebers im Hinblick auf seine Interpretation der Formel erscheint unter dem Blickwinkel der Kontrollpraxis des Supreme Court als eine eher einseitige Handhabung des Delegationsproblems.

e) Die Wortwahl der Formel weckt Assoziationen zu Formulierungen auf dem Bamberger Juristentag, wo den Ermächtigungen der Nachkriegszeit insbesondere „Unbestimmtheit des Inhalts"[221] vorgeworfen wurde. Ermächtigungen sollten künftig nurmehr „im Dienste begrenzter Zwecke für ein bestimmtes Lebensverhältnis" erteilt werden.[222] Nach der Entstehungsgeschichte der Klausel sind andere Zusammenhänge für die „Inhalt, Zweck und Ausmaß"-Formel verantwortlich und für ihre historische Interpretation maßgebend. In erster Linie ist dies die amerikanische, auf das Verhältnis von Legislative und Exekutive konzentrierte Auffassung der Delegationsproblematik als „filling up the details" in einen durch die „policy" des Kongresses bestimmten gesetzgeberischen Plan nach Richtlinien (standards), welche die Handlungsweise der Administration gleichermaßen steuern wie ihre Kontrolle ermöglichen sollen.

Die zweite Wurzel der Formel geht auf die von Hoegner und Nawiasky adaptierte Schweizer Lehre zurück, die Exekutive habe kein Recht, sachlich selbständige, „primäre" Rechtsnormen zu erlassen, die nicht bereits im Gesetz enthalten und daher auf den Willen des Gesetzgebers zurückzuführen sind. Ausschlaggebend war danach, daß die im Verordnungsweg erlassenen Bestimmungen unmittelbar auf die Intentionen des Gesetzgebers zurückgeführt werden konnten.

Ihren dritten Ausgangspunkt hat die Klausel im Gesetzesbegriff der Bayerischen Verfassung, nach dessen Art. 70 Abs. 1 die für alle verbindlichen Gebote und Verbote eines förmlichen Gesetzes bedürfen. Deutlich wird dieser Zusammenhang insbesondere in den ersten Entwürfen der Klausel, nach denen weder die wesentlichen Teile eines Gesetzes bzw. sein wesent-

---

[220] In diesem Sinne noch *Herrfahrdt,* BK, Art. 80, II, 1; vgl. aber auch BVerfGE 34, 52 (60), wo ausdrücklich auf den Gesichtspunkt der Kontrolle des Ermächtigten abgestellt wird, nämlich, „ob die Exekutive als Verordnungsgeber sich innerhalb der gesetzlichen Grenzen gehalten hat."
[221] Bericht, S. 33 f.
[222] Bericht, S. 54 ff.

## 7. Schlußfolgerungen zu Art. 80 Abs. 1 S. 2 GG

licher Inhalt noch die Bestimmung, inwieweit in Rechte und Pflichten der Bürger eingegriffen werden durfte, dem Ermächtigungsadressaten überlassen bleiben konnte. Während der sachliche und der inhaltliche Umfang der Ermächtigung – „wesentliche Teile" und „wesentlicher Inhalt" – insbesondere die Frage der Gewaltenteilung tangierte, wurde mit dem Problem des Eingriffs in die Rechte und Pflichten der Bürger der Vorbehalt des Gesetzes angesprochen.

Im Unterschied zu den beiden ersten Entwürfen der Staatskanzlei, die jeweils die Regelungsgegenstände benannten, bei denen der Verordnungsgeber nicht ohne begrenzende Richtlinien tätig werden durfte, versucht die „Inhalt, Zweck und Ausmaß"-Formel diese Richtlinie selbst zu formulieren.

Am eindeutigsten erscheint die Formel im Hinblick auf den „Zweck" der Verordnungsgewalt. Seine Bestimmung durch den Gesetzgeber verhindert einen Einsatz des Verordnungsrechts zur Verfolgung eigenständiger exekutiver Zwecke und legt den Ermächtigungsadressaten auf die Erfüllung und Ausführung des gesetzgeberischen Willens fest.

Damit ist allerdings nicht gesagt, auf welchem Weg bzw. auf welche Art und Weise die gesetzgeberischen Absichten und Ziele verfolgt und realisiert werden sollen. Dies erfolgt durch die Vorgabe und Festlegung des Inhalts der Verordnungsgewalt. Durch diese Inhaltsbestimmung wird dem Verordnungsgeber gleichzeitig die Möglichkeit entzogen, dem Verordnungsrecht einen eigenen, selbständigen und unabhängigen Regelungsinhalt zu unterlegen, also gewissermaßen einen eigenständig-exekutiven Weg zum vorgegebenen Ziel zu geben.

Das Ausmaß der erteilten Verordnungsgewalt legt zum einen ihren gegenständlichen und sachlichen Umfang – das durch Rechtsverordnung zu bestellende Feld – fest, insbesondere bezieht sich diese Grenzlinie aber auf die Frage, ob und wieweit der Verordnungsgeber berechtigt ist, in Freiheit und Eigentum der Bürger einzugreifen.

Die Formel verbietet damit sowohl Ermächtigungsgesetze, also Gesetze, durch die der Regierung die selbständige Regelung einer ganzen Rechtsmaterie oder wesentlicher Teile eines Regelungsgegenstandes übertragen werden – sei es im Wege gesetzesvertretender Verordnungen oder auch nur im Wege einer selbständigen Ergänzung. Sie verbietet aber auch, die für alle verbindlichen Gebote und Verbote durch Rechtsverordnungen festzulegen, ohne daß der Gesetzgeber die wesentlichen Entscheidungen selbst getroffen hat. Insoweit spiegelt sich in der Formel von Inhalt, Zweck und Ausmaß der Ermächtigung noch das Gedankengut des Bayerischen Polizeistrafgesetzbuches aus dem 19. Jahrhundert.

f) Inhalt, Zweck und Ausmaß müssen nach dem historischen Verständnis der Formel nicht bis in die letzten Einzelheiten, sondern lediglich „hinreichend genau festgelegt und begrenzt" sein. Dies erlaubt Spielraum und Flexibilität von Fall zu Fall und insbesondere im Hinblick auf Ermächtigungen der Leistungsverwaltung – zumindest soweit es den Bürger und damit den Vorbehalt des Gesetzes betrifft. Gleichmäßig zu beurteilen ist allerdings auch hier die Frage nach der Kontrollierbarkeit der Verwaltung, nämlich ob sie im Lichte der gesetzgeberischen Zwecksetzung und in Übereinstimmung mit den vom Gesetzgeber vorgegebenen inhaltlichen Kriterien tätig wurde.

g) Im Unterschied zur Auffassung des BVerfG stehen Art. 80 Abs. 1 GG und Art. 129 Abs. 3 GG in einem engen Zusammenhang, wie er etwa dem Augenzeugen im Parlamentarischen Rat und Verfasser der Erläuterungen zu Art. 129 Abs. 3 im Bonner Kommentar, Holtkotten, noch bewußt ist.[223]

Eine Entstehungsgeschichte des Art. 129 Abs. 3 GG existiert nicht; die Vorschrift wurde erst in einer der letzten Sitzungen des Parlamentarischen Rats in das GG aufgenommen, wobei der möglicherweise vorweggenommene Wunsch der amerikanischen Militärregierung nach einer ausdrücklichen Regelung der Weitergeltung reichsrechtlicher Ermächtigungen auch im GG nur vermutet werden kann. Jedenfalls war es angesichts des Genehmigungsvorbehalts der Alliierten naheliegend, auf eine Formulierung zurückzugreifen, die von den Amerikanern bereits akzeptiert worden war. Bei näherer Betrachtung entspricht Art. 129 Abs. 3 GG nämlich nahezu wörtlich der hessischen Version des von der Militärregierung verlangten Überleitungsgesetzes. Art. 80 Abs. 1 und Art. 129 Abs. 3 GG unterscheiden sich damit nur in der Formulierung, nicht in ihrem sachlichen Inhalt. Art. 80 Abs. 1 GG knüpft an materielle, Art. 129 Abs. 3 GG an formale Kriterien an. Für diese – historische – Interpretation spricht nicht zuletzt, daß sie das mißliche Ergebnis des BVerfG vermeidet, daß im selben Rechtsstaat unterschiedliche Anforderungen an die Ermächtigungen zum Erlaß von Rechtsverordnungen gelten sollen, je nachdem, ob der nachkonstitutionelle Gesetzgeber eine Ermächtigung in seinen Willen aufgenommen hat oder nicht.[224]

---

[223] *Holtkotten,* H., Bonner Kommentar, Art. 129, Anm. II, C, D.
[224] Vgl. dazu *Wolff,* B., Ermächtigung, AöR 78 (1952/53) S. 212 f.

# Literaturverzeichnis

*Anschütz,* G.: Die gegenwärtigen Theorien über den Begriff der gesetzgebenden Gewalt und den Umfang des königlichen Verordnungsrechts nach preussischem Staatsrecht, 2. Aufl., 1901.

*Anschütz,* G.: Die Verfassung des deutschen Reichs vom 11. August 1919, 10. Aufl. 1929.

*Arndt,* A.: Das selbständige Verordnungsrecht, 1902.

*Badura,* P.: Staatsrecht, 1986.

*Benkendorff,* G.: Fortgeltung der gesetzlichen Ermächtigungen i.S. des Art. 129 Abs. 3 GG nach dem Zusammenbruch bis zum Inkrafttreten des GG, DÖV 1952, S. 451 ff.

Bonner Kommentar, Kommentar zum Bonner Grundgesetz, Bd. 6, 9.

*Degenhardt,* Chr.: Staatsrecht I, 3. Aufl., 1987.

*Doemming,* K.-B. / *v.-Füßlein,* R. W. / *Matz,* W.: Entstehungsgeschichte der Artikel des Grundgesetzes, JöR 1 (1951).

*Edel,* C.: Das Polizeistrafgesetzbuch des Königreichs Bayern vom 10. November 1861, 1862.

*Ehmke,* H.: Wirtschaft und Verfassung: Die Verfassungsrechtsprechung des Supreme Court zur Wirtschaftsregulierung, 1961.

*Fleiner,* Th.: Die Delegation als Problem des Verfassungs- und Verwaltungsrechts. Ein rechtsvergleichender Beitrag zur Rechtsprechung auf dem Gebiet der Gewaltentrennung, 1972.

*Forsthoff,* E.: Lehrbuch des Verwaltungsrechts Bd. I, 1950.

*Fremuth,* F.: Der Vorbehalt des Gesetzes in der Bayerischen Verfassungsurkunde vom 26. 5. 1818 und seine Auswirkungen auf die Rechtsentwicklung im bayerischen Frühkonstitutionalismus, 1970.

*Geck,* W.: Die Übertragung rechtsetzender Gewalt in den Vereinigten Staaten von Amerika, in: Die Übertragung rechtsetzender Gewalt, 1952.

*Giacometti,* Z.: Schweizerisches Bundesstaatsrecht (Neubearbeitet v. Fleiner, F.). Unveränderter Nachdruck 1978 der Neubearbeitung v. 1949.

*Götz,* V.: Allgemeines Polizei- und Ordnungsrecht, 8. Aufl., 1985.

*Hamann,* A.: Das Grundgesetz für die Bundesrepublik Deutschland: vom 23. 5. 1949, 2. Aufl., 1961.

*Hasskarl*, H.: Die Rechtsprechung des Bundesverfassungsgerichts zu Art. 80 Abs. 1 S. 2 GG, AöR 94 (1969), S. 85 ff.

*Henle*, W.: Grundsätzliche Stellungnahme der Militärregierungen zu Gesetzentwürfen, DÖV 1949, 114.

*Hesse*, K.: Grundzüge des Verfassungsrechts der Bundesrepublik Deutschland, 16. Aufl., 1988.

*Hoegner*, W.: Lehrbuch des Bayerischen Verfassungsrechts, 1949.

*Hofmann*, H.: Das Postulat der Allgemeinheit des Gesetzes, in Abhandlungen der Akademie der Wissenschaften in Göttingen, 1987, S. 31.

*Huber*, E. R.: Deutsche Verfassungsgeschichte seit 1789, Bd. 5, 1978; Bd. 6, 1981.

*Huber*, E. R.: Verfassungsrecht des Großdeutschen Reiches, 1937, 2. Aufl., 1939.

*Ipsen*, J.: Staatsorganisationsrecht, 1986.

*Jacobi*, E.: Das Verordnungsrecht im Reiche seit dem November 1918, AöR 39 (1920), S. 273 ff.

*Jacobi*, E.: Die Rechtsverordnungen, in Handbuch des Deutschen Staatsrechts, Bd. 2 (HDStR II), hrsgg. von Gerhard Anschütz und Richard Thoma, 1932.

*Jacobi*, E.: Die Verwaltungsanordnungen, HDStR II, 1932.

*Jellinek*, G.: Gesetz und Verordnung, 1887.

*Klein*, F.: Verordnungsermächtigungen nach deutschem Verfassungsrecht, in: Übertragung rechtsetzender Gewalt im Rechtsstaat, 1952, S. 7 ff.

*Klein*, H. H.: Zur Revision des Grundgesetzes – Erwägungen der Enquête-Kommission Verfassungsreform des Deutschen Bundestages zu einer Neufassung des Art. 80 GG, DÖV 1975, S. 523 ff.

*Kratzer*, J.: Die Verfassungsurkunde des Freistaates Bayern vom 14. August 1919, 1925.

*Laband*, P.: Deutsches Reichsstaatsrecht, 5. Aufl., 1909.

*Laforet*, W.: Deutsches Verwaltungsrecht, 1937.

*Leibholz*, G. / *Rinck*, H. J.: Grundgesetz für die Bundesrepublik Deutschland – Kommentar, 4. Aufl. 1971.

*Lindenberg*, G.: Die Gefahren der Rahmengesetze, DJZ 19 (1914), Sp. 457 ff.

*v. Mangoldt*, H.: Das Bonner Grundgesetz, 1953.

*Maunz*, Th.: Verwaltung, 1937.

*Maunz*, Th. / *Dürig*, G. / *Herzog*, R. / *Scholz*, R.: Grundgesetz-Kommentar, Stand 1987.

*Meder*, Th.: Die Verfassung des Freistaates Bayern – Handkommentar, 1971, 3. Aufl., 1984.

*Möller*, H.: Weimar. Die unvollendete Demokratie. 1985.

*Mößle*, W.: Regierungsfunktionen des Parlaments, 1986.

*v. Münch*, I.: Grundgesetz-Kommentar, Bd. 3, 2. Aufl., 1983.

*Nawiasky*, H.: Bayerisches Verfassungsrecht, 1923, (Neudruck 1978).

*Nawiasky*, H. / *Leusser*, C.: Die Verfassung des Freistaates Bayern vom 2. Dezember 1946, 1948.

*Poetzsch*, F.: Vom Staatsleben unter der Weimarer Verfassung, JöR 13 (1925), S. 1 ff.

*Poetzsch*, F.: Empfiehlt es sich, in die Reichsverfassung neue Vorschriften über die Grenzen zwischen Gesetz und Verordnungsrecht aufzunehmen?" in Verhandlungen des Deutschen Juristentages (Bamberg), 1922, S. 35 ff.

*Poetzsch*, H. / *Heffter:* Handkommentar zur Reichsverfassung vom 11. VIII. 1919, 3. Aufl. 1928.

*v. Pözl*, J.: Lehrbuch des Bayerischen Verfassungsrechts, 5. Aufl., 1877.

*Pritchett*, C. H.: The American Constitution, 1977.

Protokolle der Sitzungen des Rechts- und Verfassungsausschusses, 1947/48.

*Richter*, J. / *Schuppert*, F.: Casebook Verfassungsrecht, 1987.

*Roethe*, E.: Ausführungsverordnung, AöR 59 (1931), S. 194 ff., S. 321 ff.

*Schack*, F.: Die Verlagerung der Gesetzgebung im gewaltenteilenden Staat, in Festschrift für Karl Haff, 1950, S. 332 ff.

*Scheuner*, U.: Die nationale Revolution, AöR 63 (1934), S. 261 ff.

Schlußbericht der Enquête-Kommission Verfassungsreform des Deutschen Bundestages, Zur Sache 3/76, S. 190.

*Schmitt*, C.: Vergleichender Überblick über die neueste Entwicklung des Problems der gesetzgeberischen Ermächtigungen (legislative Delegationen), ZaöR, 1936, S. 252 ff.

*Schoen*, P.: Das Verordnungsrecht und die neuen Verfassungen, AöR 45 (1923/24) S. 133 ff.

*Schoen*, P.: Die Verordnungen, Handbuch der Politik, hrsg. von Laband, P., u. a., Bd. 1, 1912.

*Staupe*, J.: Parlamentsvorbehalt und Delegationsbefugnis: zur „Wesentlichkeitstheorie" und zur Reichweite legislativer Regelungskompetenz insbesondere im Schulrecht, 1986.

*Stein*, E.: Staatsrecht 10. Aufl., 1986.

*Stengel*, St. v.: Das System der vorbehaltenen Polizeivorschriften oder der Strafpolizeivorschriften, Ein Beitrag zur praktischen Anwendung des bayerischen Polizeistrafgesetzbuches vom 10. Nov. 1861 im Justiz- und Verwaltungsdienste, in: Zeitschrift für Gesetzgebung und Rechtspflege des Königreichs Bayern, 8. Bd., 1862.

*Stern*, K.: Das Staatsrecht der Bundesrepublik Deutschland, Bd. 1, 1977.

*Thoma*, R.: Der Vorbehalt der Legislative und das Prinzip der Gesetzmäßigkeit von Verwaltung und Rechtsprechung, HDStR II, 1932.

*Triepel*, H.: „Empfiehlt es sich, in die Reichsverfassung neue Vorschriften über die Grenzen zwischen Gesetz und Verordnungsrecht aufzunehmen?" in Verhandlungen des 32. Deutschen Juristentages (Bamberg), 1922, S. 11 ff.

*Weber*, M.: Parlament und Regierung im neugeordneten Deutschland (1918), in Gesammelte Politische Schriften, S. 306 ff., 4. Aufl., 1980.

*Wittmayer*, L.: Die Weimarer Reichsverfassung, 1922.

*Wolff*, B.: Die Ermächtigung zum Erlaß von Rechtsverordnungen nach dem Grundgesetz, AöR 78 (1952/53), S. 194ff.

*Zachariä*, H. A.: Deutsches Staats- und Bundesrecht, Bd. 2, 1842.

Printed by Libri Plureos GmbH
in Hamburg, Germany